# 〈郊外〉の誕生と死

Oda Mitsuo
小田光雄

論 創 社

目次

郊外も消費社会も
見ることなく逝った
わが家の死者たちに

# 序章　村から郊外へ

ああ麗《うる》はしい距離《デスタンス》
常に遠のいてゆく風景……

（吉田一穂「母」）

一本の道の風景の変容を半世紀ちかくにわたって見てきた。

最初の記憶、それは人家も建物もない見渡すかぎり一面の田の風景。その一面の田の風景とその色彩は季節とともに変わった。春には水をたたえた水田となり、夏には緑の稲が育ち、秋には黄金色の稲穂が実り、冬には稲株の残った土がむきだしの乾田となった。移りゆく季節とその色彩のなかで、いつも変わることなく村人たちが働いていた。一面の広い田の風景に比べると、彼らの姿はとても小さく見えた。

その中央を一本の道が通っていた。なんの変哲もない、二本の国道を南北につなぐ県道。道の両側には街路樹とてなく、その代わりのように空豆が植えられ、掘割が流れていた。遮るものもなくこの地方特有の強い風が田から吹き寄せ、土埃が舞った。雨の日はぬかるみだった。昼間は通る人とてまばらだった。何種類かの鍬や鎌を積んだリヤカー、農機具をつけた牛、村人たちが田や畑に働きに行く光景だ。それから本数の少ない定期バス。それらが道の主な顔ぶれだった。

これが村から町へ通じる道についての私の原風景だ。

一九五〇年代、私は村に生まれ、村に住んでいた。村の生活は、戦後とはいえ戦前から続いていた生活様式のなかで過ぎていた。おそらくは稲作を中心とするアジア的農村共同体の典型的な生活様式。人口は二百人足らず。世帯数は三十余。村の住民はほとんど全員が農業を営んでいた。村はまぎれもない農村共同体だった。

戦前に建てられたと思える藁葺きの家がまだ何軒もあり、いずれも大家族だった。四世代同居はあたりまえで、年寄りのいない家はなかった。それでいてそれぞれに役割があり、漫然と過ごす人はいなかった。家畜も多く飼われていた。牛、豚、どの家にも鶏小屋があった。

子どもたちも家で生まれ、老人たちも家で死んだ。貌《かお》の見えない村人はいなかった。家族構成、家屋構造、縁戚関係、経済状態といったすべてを了解したうえで成立した、農業を基盤とした生産共同体だった。大人たちはその共同体の内部ともいうべき田や畑で働き、子どもたちも当然のごとく村から出ることなく暮らし、遊んだ。大人には大人の生活があり、子どもには子どもの生活があった。

村の一年の時間の流れを支配していたのは、稲作の作業の順序だった。春の播種、苗取り、田植え、夏の除草、秋の稲刈り、冬の乾燥、脱穀、籾摺り、供出（出荷のこと）、これらの作業は時期が集中するため、村の共同作業として営まれた。ひとつの作業が終わるたびに、さなぶりや日待ちといった農業行事、庚申や金比羅といった古代や中世から伝承されたと思える民間信仰の祭事が執り行われた。これらの村の儀礼のなかに切断されていない過去の集積が埋めこまれていた。こうした厳しい労働とささやかな慰安のくりかえす村の時間を大人たちは生きていた。それゆえにこそこのくりかえす時間のなかでの盆と正月は、労働から解放された貴重な安息日であり、年の区切りだった。大人たちは定まった休日もない労働で、現在とは比較にならないほど老けて見えた。着ているものは野良着だった。老人たちは誰もが腰を曲げていた。

村人の葬式以外には事件らしいものはなにも起きなかった。こうした村の生活は永遠に続くかのように思われ、私たちもまた親と同じように村で生きていくのだと信じられた。当時の日本のどこにでもあった農村の風景と生活史。

そのような村の生活のなかで、子どもたちは村の道や川や寺や神社、それぞれの庭を遊び場にしていた。一年を通じて戸外にいた。自分の部屋なぞある子どもはいなかった。村の自然がそのまま遊び場となり、モノはなくても自然の贈与に囲まれていた。川には魚が、樹々には昆虫が溢れるほどいた。村の中心部には寺があり、そこでもよく遊んだ。寺の墓地には村人たちの先祖代々の墓が立ち並んでいた。墓地の片隅に大きな塔が立っていた。それは苔に覆われた他の古い墓と異なり、まだ新しかった。戦争の痕跡を示す慰霊塔だった。そこには村の戦死者たちの名前がいくつも彫りこまれていた。私の伯父の名前もあった。そして名前の下には次のような註が。

行年二十五歳、レイテ島ニ於テ戦死。

彼が無事に村に帰還していれば、私がこの世に生を享《う》けることは確実になかっただろう。戦死者たちとの生命の交換によるような私たちの生誕。そうした意味において私もまた戦争の落とし子だった。

村には商店が一軒もなく、商品経済は導入されておらず、自給自足の生活に近かった。小さな卓袱《ちゃぶ》台を囲んで自家製の米と野菜を食べていた。味噌も自家製だった。果物といえば庭になる蜜柑や柿のことを意味していた。週に何度か、自転車に乗った魚屋や豆腐屋のおじいさんがまれびとのように村にやってきた。

夜はまったくの闇の世界だった。風の強い夜には樹々の梢が大きく揺れて、その音が闇のなかでこだましていた。そしていつも夜になるとラジオを聴きながら、土間で明日出荷する野菜の選別といった夜なべ仕事を手伝い、早い時間に眠った。夏は蛙の、秋は蟋蟀《こおろぎ》の鳴き声が子守歌だった。最終バスの通る音を布団のなかで聞いた。私たちは宵寝に慣れていた。

閉ざされた村の生活のなかで、村のはずれにある一本の道だけが外部とつながっていた。バスの通る道、行商の魚屋や豆腐屋のおじいさんもこの道を通って村に入ってきた。明治時代にこの地方に赴任してきたメソジスト教会の牧師で、民俗学者でもあった山中共古《きょうこ》（一八五〇〜一九二八）がこの道を歩いてきて、村に入り、村の民俗、風習、風物について書き記していることを後年知った。そのとき山中共古が見た明治時代の道の風景は、私の道の原風景とさほどの変わりはなかったであろう。

魚屋や豆腐屋のおじいさんや山中共古は町の人だった。町から道を通って村にきた。私たちは村人だった。彼らとは逆方向に道をたどり、町へ行った。田に囲まれた道を数キロ歩いていくと、村とはまったく異なる空間があった。道は東海道線の陸橋に通じていて、その陸橋をこえると町が出現した。駅があった。駅は町の象徴だった。私たち村人はめったに汽車に乗ることもなかった。町に住む人々はいつでも自由に汽車に乗ってどこへでも行くことができるように思われた。駅には人が溢れ、バスや自動車が停まっていた。闇市とよばれていたバラックの飲食店が立ち並び、そこを通ると村の匂いがした。小便の匂いだった。駅前の通りは商店街だった。通りの両側には村には一軒もないさまざまな商店があり、村にいては見ることのできない商品が陳列されていた。飲食店や映画館もあった。

たまにしか行く機会がなかった町は、行くだけで楽しくなるような場所だった。村のくすんだ家とは対照的な原色の色彩の氾濫、人混みのなかにいるという昂揚した感覚、村という農耕社会を離れて町という商品経済の空間にあるという軽やかさと眩暈《めまい》、それらのすべてが村の生活とは異なっていた。そしてなによりも人混みのなかに知っている人はいなかった。村には知っている人しかいなかったのに。

だが町は田の風景によって村と分断されていた。町と出会うためにはこの風景のなかをぬけなければならなかった。商品経済の空間である町は、田という農耕社会の向こう側にあった。幼いころ、町へ行く父の自転車の子ども座席に乗っていたとき見た風景をいまでもまざまざと想い出す。雨上がりの初夏の日の風景だ。田のなかに川の水が溢れて流れこみ、まだ丈の低い稲のあいだを鮒や鯉や鯰たちが群がって泳いでいく。降雨によって水かさを増した田は一枚の大きな鏡のようだ。初夏の太陽の光を反射して、聖なる海原のように見える。これから一気に生長しようとしている緑の稲の列、リズミカルに動き回る魚たちとそれらの鱗のきらめき。水と稲と魚たちの戯れる美しい風景は、見る者をして瞬間に記憶のなかにしまいこませてしまう自然の至福の贈与とでもいうべきものだった。

——一九五〇年　第一次産業就業人口比率四八・三％。

一九六〇年代前半、私は小学生だった。町へ向かう道ではなく、農道を歩いて小学校へ通った。その道の風景もまた町への道のそれと変わらなかった。ただ、しだいに田や畑に温室やビニールハウスが建てられていく風景を見るようになった。しかし農閑期の田には、蓮華《れんげ》や菜の花が変わることなくたなびいていた。小学校も周囲はすべて田によって囲まれ、村の風景のなかにたまたま学校があるという印象だった。だから小学校も村の延長だったし、農繁期には田植えの手伝いという名目で何日かの農繁休暇というものさえあった。

農道を歩いていって川の橋をこえると小学校だった。川の土手には火葬場があり、葬式のある日には死者を焼く匂いが風に乗って小学校まで運ばれてきた。小学校の帰りに何度も、棺を載せたリヤカーが火葬場へ向かうのを見た。昔はどの村にも火葬場があったが、戦後になってこの土手の火葬場に集約されたのだという。川の土手とは村でもない場所、村と村との境界だ。その火葬場の周りには、この地方では見ることのない赤松が異邦人のようにひときわ高く伸びていた。そしてその赤松の原色の色彩が火葬場の位置を告げていた。

小学生たちもほとんどが村の子どもたちだった。周辺の村からやってきた。ああ、私たちはどうしてあんなに貧しかったのだろう。継ぎのあたった衣服、陽に焼けて変色した学生服、ゴム草履、洟を垂らし、手はあかぎれで、頭には白癬、毎日風呂に入る習慣がなかったため、私たちは薄汚れて見えたことだろう。わずかの学級費が払えないため欠席する子ども、台風で家がつぶれてしまい長期欠席してしまった子ども、そんな子どもたちがクラスに何人もいた。参観日の母親たちはもんぺ姿だった。

子どもたちの姿から見て、小学校は最初村の縮図のように思えたが、町と同じように村の外部だった。私たちはそこで村とは異質なものと出会った。教師たちではない。なぜならば彼らもまた村の出身者であったからだ。

ひとつは食として出現した。学校給食のパンと脱脂粉乳のミルクとして。私たちはアルファベットも知らなかったが、このときモノとしてのアメリカに初めて触れていたのだ。

ふたつめはクラスに数人ずついる方言をしゃべらない子どもたちの存在だった。彼らは「町の子」だった。村から離れた駅のある町ではなく、村と町の中間にある畑地帯に、私が生まれたころ建てられた大きな繊維会社の構内にある社宅の子どもたちだった。だから正確にいえば、彼らは「町の子」ではなく、戦後の初期の「郊外の子」であった。社宅に住む転勤族のサラリーマンの子どもたちを、私たちは「町の子」とよんでいた。「町の子」たちは、私たち「村の子」と違ってこぎれいな服装をし、清潔で顔つきも異なり、勉強もできて、ひと目で「町の子」とわかった。彼らは大半が数年で転校していった。転校は「町の子」たちの特権だった。私たち「村の子」は閉ざされた村の定住者として生きていくことを宿命づけられていたからだ。転校していく「町の子」から、町とは違うもっと大きな都市に行くのだと聞いた。その当時は彼が転校していったのが都市だと信じられたが、現実には彼は別の郊外へと転校していったに違いない。

誰もいない冬の日当たりのよい家の縁側でひとりぽつねんとして、自分もまた親たちと同じようにこの村のなかでなにも変わることなく暮らしていくのかと思うと至福のように感じることもあったが、閉ざされたこの村で一生を過ごすことになにかしれない恐怖を覚えることもあった。「町の子」は私たちと同じ風景のなかにいながら、農道を通って社宅へ帰り、数年の滞在ののちにいずこへともなく転校していく。しかし私たち「村の子」は村と学校との往復だけだった。「町の子」と「村の子」が共有していたものは、いずれ失われてしまうだろう道の風景を目撃したという事実、その風景のなかにいたという記憶だ。私より少し遅れて、私が見ていたのと同じ道の風景を、「町の子」で転校生だったひとりの少女が、その記憶のなかに鮮明に映しとっていた。その少女は後年作家となる。その名は山田詠美。

学校までの遠い道のり、私は見たこともないものを沢山見た。メロンの温室、煙草の畑、広がるれんげ草の群れ。香り高い茶畑、墓場に向かう葬列、立ち並らぶ霜柱など。そして、そこにつどう人々。自然の種類も人間の様子も、あまりにも印象的であった。

（山田詠美『晩年の子供』あとがき）

東京生まれで、父親の転勤によってこの風景のなかに置かれることになった山田詠美は、「私は、いわゆる町の子であった」とも書いている。この「いわゆる」に留意しよう。駅や商店街のある「町の子」ではない、村と町の中間にある繊維会社の社宅という郊外の子であったことをこの「いわゆる」に込めている。そして「いわゆる町の子」は、「私は、ここで出会ったどんな瑣末な事柄をも一生忘れることはないだろう」と書いている。このことは、山田詠美が郊外を出自とする作家であることを物語っている。

山田詠美の住んでいた社宅では、「時代は好景気を生み、父の会社のまわりはばらの垣根で覆われ、夜の噴水にはさまざまな灯りがともっていた」という。「ばらの垣根」も「夜の噴水」もない村の自然の風景のなかに山田詠美はなにを見ていたのだろうか。それは「いわゆる町の子」としての自分や自分の生活様式が圧倒的にマイノリティであるという感覚ではなかったか。村でも町でもない、それでいて「ばらの垣根」や「夜の噴水」のある郊外という人工的な空間、かりそめの住居としての社宅、転勤族のサラリーマンの子どもという漂流する意識がそれを決定する。そして村の風景のなかに溶けこんでいるかのように見える「村の子」に先験的なマイノリティを発見し、子どもたちの共通する回路を作りだそうとする。「村の子」が他者として新たに発見され、受容されるのである。ちょうど、あとになって黒人を他者として抱擁したようにして。

そうした眼差しから、「そこにつどう人々。自然の種類」や「人間の様子」を見たとき、村の自然の風景の内側で起こっている不可視のドラマが浮かび上がる。郊外の子と「村の子」が混住することによって形成される心的葛藤のゆらめき、それが短篇集『晩年の子供』として結晶している。

山田詠美は農耕社会の風景を郊外という外部から見ることによって発見し、その風景を変わらぬ原風景として記憶にとどめ、そして転校していった。しかし私たち「村の子」にとっては、それは他者としての風景ではなかった。その風景こそが生活であり、歴史であり、村であり、私だった。それゆえにこそ、山田詠美が去ったのちも、私の原風景が変容していくのを風景の内部の人間として見続けなければならなかった。風景ばかりでなく、生活や歴史や村や私の変容をも。

町へ向かう道の上に新幹線の高架が開通した。道は新幹線の見える風景となった。その工事中に豆腐屋のおじいさんが、自転車ごと工事現場の川に落ちて死んだ。その死は自転車による行商の時代の終焉を意味していた。

村に戦後初めて新しい家族が移ってきた。彼らは村のはずれに雑貨兼駄菓子屋の店を開いた。

村で最初の商店だった。その店は夏にはかき氷、冬にはお好み焼きの店となり、貸本も商っていた。村の子どもたちはお金を使うことを覚えた。商品経済が村の日常生活にひっそりと芽吹いた。

一九六〇年代、山田詠美の父親の会社が「好景気を生」んでいたように、村もまた高度成長の時代だったといまになって思える。といっても五〇年代同様風景に変わりはなかったが。村の高度成長とは風景としてではなく何によって現れたか。それはモノの出現であり、生活様式の変化として現れ始めた。

テレビ、電気洗濯機、電気冷蔵庫が古い家のなかに入ってきた。そしてそれらの出現とともに、戦前から続いていた生活様式が変わっていく。井戸から水道、かまどからガス台、電球から蛍光灯、火鉢から電気コタツや石油ストーブ、団扇《うちわ》から扇風機、自転車からオートバイ、牛やリヤカーから耕運機へと、生活や労働の技術革新が村にもやってきた。気がついたらそうなっていた。夜の生活が変わった。テレビを見て過ごすようになった。村の家々の屋根にテレビアンテナが林立するようになった。

テレビ、電気洗濯機、電気冷蔵庫といった耐久消費財の普及率は、一九六〇年代が進むにつれて農家／非農家の差はなくなった。モノの所有において私たちは村人ではなくなった。しかしこの事実はそれらを購入し、維持するためには農業以外の別途の収入を必要とすることを意味していた。村の農業生産額が高度成長のように上昇したわけではなかったからである。しだいに大人たちは勤めに出るようになった。兼業農家という言葉が使われ始めた。

だが村から町へ向かう道の風景は変わらなかった。自動車の通行量が増えたことと新幹線が見えるようになったことを除けば、もとのままだった。強い風が吹き寄せ、雨が降ればぬかるみだった。町は相変わらず「村の子」にとっては他者の風景だった。商店街にはアーケードが作られ、雨の日でも傘もささずに歩けた。屋台が夜遅くまで引き廻される秋の祭、華やかな年末年始の大売り出し、村とは異なる空間ではあったが、なにかしら一九五〇年代と比べてアウラを失い始めているように思われた。

それは私たち「村の子」が町の中学校へ通うようになったことが大きく作用している。そのことで町がハレからケへと転位したのである。それとともにテレビの画面の出現によって、村や町以外の都市や外国の映像をシミュレーションすることができるようになったことも影響している。そしてまた汽車に乗って数駅行けば、町よりも大きい都市があり、そこにはデパートという町の商店街よりも広い高層の建物があり、あらゆる商品がひとつの建物のなかに陳列され、消費されていることを知ったことにも起因している。

駅前の闇市がいつのまにかなくなり、バスとタクシーのための舗装されたロータリーとなった。町の商店街にスーパーができた。

——一九六〇年　第一次産業就業人口比率三二・六%。

一九七〇年代から村の生活と風景は激変する。まずは専業農家が一軒もなくなった。かつて相互扶助的農作業は、六〇年代に進行した機械化のため消滅した。村の共有財産であった籾摺り機は廃棄され、それが収納されていた倉庫も解体された。そのとき解体されたのは倉庫ばかりではない。倉庫の隣にあった荷車式の消防車《ぐるま》の入った消防小屋、その前にあった火の見櫓もなくなった。それらが建っていた土地は村の共有地で、野菜の出荷場であり、村の子どもたちの主要な遊び場でもあった。自転車に乗ってやってくる紙芝居やアイスキャンデー売りのおじさんやロバのパン屋が停まったのもこの場所だった。傘や鍋の修理人たちや包丁や農機具の研ぎ師たちが店を広げるのもこの場所だった。村を訪れる外部の人たちが商うことを許された唯一の場所であると同時に、村の子どもたちにとっても、彼らがやってくることによって、村の外部と触れあうことのできる空間だった。町の映画館のポスターが貼られていたのもこの場所だった。

更地にされたその村の共有地は売却され、新しく移り住んできたサラリーマンのベランダのある瀟洒なマイホームとなった。スーツを着て、ネクタイを締め、自動車で通勤するサラリーマンを夫とし、専業主婦を妻とする核家族のマイホームへと。

このときが始まりだったのだ。村は消滅へと向かい、かわりに混住化する郊外社会が誕生する前ぶれだった。

道の周囲の風景が変わり始めた。道沿いの奥の田や畑がつぎつぎと第二次産業へと転用されていった。工場が進出してきた。工業団地が造成された。川の土手の上にあった火葬場は姿を消し、土手に沿うように工場が建設された。農業の空間であった場所はコンクリートで固められ、排煙を吐きだす煙突が立ち並んだ。

公営住宅や社宅が建てられ始めた。いくつもの分譲住宅地が開発され、村の家とは異なった機能性に充ちたハウスメーカーの住宅が、均等割の分譲地につぎつぎと建てられていく。そこにはかならず駐車場がついていた。田や畑のマイホーム化がこのようにして始まった。それと並行するように一戸建ての借家も増えていく。ついに流入人口が村民の数を超えた。

学校を卒業した村の子どもたちは、もはや誰ひとりとして農業後継者とならなかった。永遠に続くかと思われた、家と農業がセットで先祖代々から引き継がれていくというかつての村の共同幻想が打ち砕かれた。

工場や分譲住宅地として生産の現場である田や畑を手離した村人たちは、かわりに何を手に入れたのか。それは新しい住宅として現れた。かつての地場の大工職人によって建てられた古い土間のある農家特有の田の字型の家、外便所、家畜小屋、納屋《なや》は解体され、新築ブームが続いた。どの家にも応接間があり、ダイニングキッチンを備え、玄関には玄関灯とインターホンがついた。障子の代わりにアルミサッシがはめこまれ、カーテンがつけられた。庭にはコンクリートが打たれ、駐車場となった。

くすんだ木と紙の隙間風の入る家、かまど時代の名残を示す煤のついた天井の梁のむきだしの家、ひんやりとして暗かった家はなくなった。もはや農家ではない。一般住宅となった。

建て替えられたのは家ばかりではない。先祖代々からの田や畑を手離した贖罪のように、寺の墓地の墓が大きく立派になった。苔むしたひっそりとした小さな墓はもういくつも残っていない。

田植えの時期になるといつもやってきて、土間の梁に巣を作り、子燕を育てていた燕の姿が見えなくなった。夏の夜にはうるさいほどだった蛙の鳴く音も聞こえなくなった。蚊や蝿も少なくなった。そういえば最後に蚊帳《かや》を吊って寝たのはいつのことだっただろうか。

農業を継がなかった村の子どもたちは、自動車に乗って工場に勤めにいくようになった。流入してくる人々と同様のサラリーマンとなったのだ。しかしこのころからさまざまな事件が起きていく。サラリーマンとなった村の子どものひとりが、工場で事故にあい、ノイローゼになって、村の神社で深夜、首を吊って死んだ。

道の風景も急速に変化していく。簡易舗装から本格舗装へ、道幅が拡張され、掘割はコンクリートで蓋《ふた》をされた用水路となった。ぬかるみは追放された。自転車道と車道が分離され、街路樹が植えられた。そして信号の数が増えた。村の老人が二人、車に跳ねられ、亡くなった。

村の子どもたちが、田や畑を手離して得た金を元手に喫茶店や食料品店やガソリンスタンドを開店した。第一次産業から第三次産業への転身である。工場を始めた者もいる。道沿いにできたのはそれらばかりではない。スーパー、カーディーラー、ボウリング場、テナント付きアパートに入ったさまざまな飲食店。道の風景はそうしたものと田の混在するものとなった。

しかしまだ夜の道は暗く、その暗さだけがかつての風景と似ていた。老人を除いて、もう誰も村とはいわなくなった。村は自治会とよばれるようになった。

一九七〇年代、村人の多くがサラリーマンとなっていく時代だった。そして家族が世代間によって職業を異にする混住家族となった。六〇年代までは、一家全員が農業に従事し、家族も村と同じように生産共同体だった。家族、同居して暮らすということの意味が変容し始めた。労働と血縁の結びつきが切断され、家意識は希薄化し、サラリーマン的家庭というものに接近していく。

——一九七〇年　第一次産業就業人口比率一九・三%。

一九八〇年代、道の風景は激変していく。年を追うごとに自動車の交通量が増えていく。交通事故がしばしば起こり、朝の通勤時には渋滞するようになった。そして道路沿いに書店、ファミリーレストラン、ホームセンター、パチンコ店、紳士服店、カジュアル衣料店、靴店、カラオケボックス、カー用品店、ドラッグストア、コンビニエンスストア、CD・ビデオレンタル店、園芸品店といった物販・サービス業がつぎつぎと建てられていった。これらに続いて銀行、郵便局、公営スポーツ施設、病院、学習塾が進出してきた。人口の膨張を証明するかのように、中学校が新設され公営墓地ができた。

一九七〇年代に続いてマイホームの建設も盛んだったが、賃貸用のマンションも建てられるようになり、住居の集合化・高層化が始まった。マンションにはアルカディアとかピュアとかプリユリエルといった名前がつけられている。

このようにして、一面の田の風景は第三次産業の林立するものへと変わった。私や山田詠美が見た風景はもはやどこにもない。強く吹き寄せていた風は、それらの建物に遮られて弱まってきた。夜の道が明るくなった。闇は追放されたのだ。原色のネオンと看板塔と店内から溢れる高性能の蛍光灯の光によって。

貧しかったアジア的農村共同体の象徴であった田の風景はカタカナ名の名前の店で埋めつくされ、広い駐車場のアスファルトの上にはおびただしい自動車が停まっている。そして自動車の名称もことごとくカタカナ名であり、車体にはアルファベットの表記が入っている。たなびく稲穂の代わりに出現した、どこを見ても自動車のある風景。過去は異国の風景のようだ。もはやここはあの農村共同体のあった日本ではない。アメリカ的な郊外消費社会だ。

この郊外消費社会にやってくる自動車と消費者たちはどこからやってくるのか。それは一九七〇年代以後、流入人口を吸収して膨張した周辺の村からやってくるのだ。いや村はとうに消滅した。村でも町でもない郊外社会となった。私の住む村も郊外社会となり、世帯数はすでに三百を超え、増え続ける一方である。住民の九割が流入してきた人々だ。そしてさまざまな職業をもった流入人口によってまぎれもない混住社会となった。

そのことによって、貌の見えない人々が過半数を占めるようになった。彼らはほとんど自動車に乗って勤めに出かけていくサラリーマンだ。出身地も勤務先も家族構成も近隣の人しかわからない。ただ核家族が多いことと彼らもまたそれぞれの地方の村の出身者であることがうかがわれる。

人口の増加に比べて昼間人口は少ない。もう道で遊んでいる子どもの姿を見かけることもない。夜、塾に通う子どもを見ることはあっても。主婦たちは道沿いの店にパートタイムで勤めている。老人たちはゲートボールをするようになった。休日には一台の自動車に乗って一家全員で買い物に出かけている。住民のいちばんの共通項とはなにか。それは消費者であることだ。

一九八〇年代、私たちは全員消費者となった。

かつての華やかだった町はどうなっただろうか。郊外消費社会の成立によって、郊外が人口と商店数の増加をみたのとは逆に、衰退の一途をたどった。町の商店街は郊外の開発と自動車社会の進行につれてさびれていく一方である。七〇年代に村に農業後継者がいなくなったように、町の商店街でも後継者がいないと伝えられている。商店街のキーテナントであったスーパーが郊外へ移転した。シャッターを下ろして閉店したままの店舗が目立つようになった。休日の町の商店街は人通りも少なく、ゴーストタウンのようだ。

村の最初の商店だった雑貨兼駄菓子屋がひっそりと閉店した。

——一九八〇年　第一次産業就業人口比率一〇・四%。

一九九〇年代、かつての村の子どもたちの何人かが七〇年代に村で工場を始めたり、喫茶店や食料品店を開いたりしたが、相ついで破綻した。彼らのひとりは町金融からの巨額の借金に追いつめられて、近くの川の橋桁で首吊り自殺した。破綻した彼らの土地は建物が解体されたあと、分割され売却され、いまではなにごともなかったように新築のマイホームが建っている。悲劇はマイホームの下に埋葬された。

流入人口の転出も激しい。バブル経済時に住宅ローンを組んだ人々は、バブル崩壊とリストラの時代を迎えて、ローンの返済が困難に陥り、いずこへともなく姿を消した。

村のはずれの田のなかに大学ができた。そして大学を取り囲むようにして、大学生目当てのワンルームマンションが建てられていった。大学生という単身者までが人口集積のなかに組みこまれることになった。彼らの住むワンルームマンションは駐車場付きだ。自転車やバスで通う学生もいるが、自動車で通学する者も多いのだ。大学の周囲の畑は学生用駐車場となった。スポーツファッションで茶髪の少年たち。広いグランドには芝生がはられ、サッカーの練習をしているのが見える。ここも一面の田の風景であった。だがその記憶もしだいに薄れていく。学園祭のときには、ピアノやギターを奏でる音が聴こえる。かつての蛙の鳴き声の代わりのようにして。学生たちの将来像のアンケート集計のトップには、男子は「お金持ち」、女子は「お嫁さん」とあった。

流入してきたのは大学生ばかりではない。日系ブラジル人たちもいる。私の現在の隣人はブラジル人だ。顔を合わせればポルトガル語で挨拶を交わす。私は最近『ポルトガル語四週間』という本を買った。

道の風景のなかにまたひとつ新しいものが出現した。ゴシック式の教会。冠婚葬祭センターが結婚式場として建築たのだ。ふとルオーの「郊外のキリスト」という絵を想い起こす。この冠婚葬祭センターに葬儀を依頼すると、死者はキャデラックの霊柩車で火葬場へと運ばれていく。

そしてさらに郊外型ショッピングセンターの計画がもちあがっている。

これがわずか四十年ばかりの村と道の風景の変容だ。農村共同体であった村は、田や畑を失うことによって膨張し、職業、人種の混住化した郊外社会となった。大家族中心だった家族構成は少数となり、核家族、単身者が主流を占めるようになった。道の風景は第三次産業の支配する消費社会となった。道はもはや農道でも、街路でもない。自動車のためのロードとなった。

ああ、それにしてもなんという豊かな社会になったことだろう。貧しくてなにもなかったあのころが嘘のように思える。そして夜の漆黒の闇。一九五〇年代には、夜はラジオを聴いていた。六〇、七〇年代はテレビを見ていた。八〇年代以降、遊びや食事や買い物に出かけるようになった。いつのまにか夜まで消費者となった。郊外社会の住民たちは消費者という共同体に属している。現在の神秘とは神社や仏閣のなかにあるのではない。道のかたわらに深夜まで営業しているロードサイドビジネスの店舗のなかに存在しているのだ。

このような私の村と道の風景の変容とは、私の周辺の固有の出来事ではなく、一九七〇年代以後全国いたるところで起きた現象であると思われる。そしてここに日本の戦後社会の成熟と喪失が否応なくはめこまれている。成熟とは豊かな消費社会の獲得であり、喪失とは農業を基盤として成立していた風景の消滅、あるいはそれに象徴されるもののすべてである。そして私たちはまぎれもなくその風景のなかから現在の消費社会へとやってきたのだ。

かつてのなにもなかった村から町へ通じる道の入り口には、いま、見えない文字で、ようこそ郊外へ、ようこそ消費社会へと書かれている。

——一九九〇年　第一次産業就業人口比率七・二%。

# 第1章　郊外の誕生

郊外

都市の周辺にあって、森林・田畑などの比較的多い住宅地区。まちはずれ。(『大辞林』)

郊外という場所、あるいは言葉が日本の戦後社会に浮上してくるのは、私の村がそうであったように、やはり一九七〇年代以後のように思われる。

郊外という言葉は、戦前の百科事典の項目にはもちろん記載されていないし、戦後になっても一九七〇年代にいたるまでは、たとえば『大辞林』の定義ですませることのできる概念であった。六〇年代まではひたすら高度成長による都市への人口集中と都市の膨張が問題とされ、郊外も都市論のパラダイムのなかで suburb(準都市)として、あるいは現在では死語と化している「衛星都市」として扱われ、郊外という場所、あるいは言葉がリアリティをもつ段階には入っていなかった。七二年から七三年にかけて刊行された『岩波講座　現代都市政策』(全十二巻)でも、そうした情況を反映してか、二百人ちかくの執筆者たちで、郊外に多少なりとも触れているのは、上田篤の「都市計画の構想」(第七巻『都市の建設』所収)の一論文だけにすぎない。

しかし一九七〇年代に急速に進行した都市化によって、郊外という場所と言葉がその輪郭を整え始め、八〇年代になってようやく百科事典の項目に登場することになった。それは平凡社から八四年に刊行された『大百科事典』においてであった。そこでは日本における郊外の歴史が叙述されている。執筆を担当した日本建築史家の大河直躬は、近代日本における郊外の系譜についてこう述べている。明治時代には郊外は山の手の旧武家屋敷のすぐ外側の地域をさしたが、明治の末期から大正時代にかけて鉄道がつぎつぎに敷設されたため、これらの沿線に発達した住宅地を郊外とよぶにいたり、現代では都市近くの住宅地、あるいは大都市周辺の多数の都市を意味する、と。

この定義を補足するならば、日本の近代以後の郊外とは、東京（府）の誕生とともに成立し、明治時代の初期においては都心の住宅地の近傍を意味していた。したがって大正中期ごろまでは、山の手とよばれた住宅地は、本郷、小石川、牛込、四谷付近から青山にかけての台地の一帯であり、市街地の外縁部にあたり、この外側が郊外といわれていたことになる。しかし東京の都市化の進行と大正時代の私鉄をふくむ鉄道の発達にともなって、山手線の内側から外側へと住宅地が移動する。山手線の各駅を起点とする郊外私鉄各社は沿線開発のため住宅地分譲を計画し、その結果山手線の外側の鉄道の沿線地帯が郊外となった。こうした現象は大正時代半ばから昭和の初期にかけて起きたが、郊外化というよりは東京市街地の拡大であり、その外延化の規模と距離からいって、都市の内部へと繰りこむことが可能な郊外であったといえよう。

それゆえに明治から昭和戦前の日本社会における郊外とは、東京に代表される大都市の一部の地域内で緩慢に移動していた新しい住宅地域を意味していた。そして東京の大正時代からの郊外の開発が、田園都市を提唱し「都市と農村は結婚しなければならない。そしてこの美しい結合から、新しい希望と新しい生活と新しい文明か生まれてくるであろう」(『明日の田園都市』長素連訳)と書いたイギリス人の社会改良家エベネザー・ハワードに、その理念を託していたことをつけ加えておこう。それはなによりも、大正時代に田園調布の開発のために渋沢栄一が設立した「田園都市株式会社」という社名に反映されている。したがって大正時代から昭和戦前の郊外とはイギリスをモデルにしていたのである。

戦後の郊外化は、戦前における市街地の拡大といった緩慢なものではなく、都市の膨張が郊外をスプロール化させ、遠距離化させていく過程であった。それはまず都市圏においては、東京にみられるような急激な人口集中を発端にしてひき起こされた。戦後の日本社会の人口移動と都市への人口集中について、経済学者の佐貫利雄は次のように書いている。

日本経済が最早戦後ではないといわれ、戦前水準に復帰したのが昭和三〇年である。それから日本経済は本格的に高度経済成長期へと移行するわけであるが、その昭和三〇年から昭和五六年までの二七年間における人口の社会的移動数を累計すると実に一億八、八九〇万人に達した。日本の人口が昭和五五年一〇月一日現在で一億一、七〇六万人であるから、なんと日本人口の一・六倍のスケールに相当するものである。(中略)

いま、人口流入超過地域をみると、東京都市圏で六〇四万人、京阪神都市圏で一七六万人、中京都市圏では六四万人それぞれ増加した。三大都市圏合計で、この二七年間に八四四万人の人口が流入超過になったわけである。

他方、人口流出超過地域をみると、北海道・東北地方は三〇四万人、九州・四国・中国・北陸の四地方で四六〇万人、その他後進地域で八〇万人の合計八四四万人が地域外の三大都市圏へと流出してしまった。

（佐貫利雄『成長する都市　衰退する都市』）

一九五五年に始まる高度成長は、農耕社会から重工業社会へと産業構造を転換させていく過程であり、その後の四半世紀のあいだに起こる「日本人口の一・六倍」というドラスチックな人口移動の開始を告げるものであった。そして戦後の大衆は「もはや戦後ではない」とか、「所得倍増」といった時代のメロディーに誘われるようにして、不可避的に都市へ都市へと向かったのである。村という農村共同体の物語から離脱し、都市というアモルフな物語を生きようとしたのが高度成長期に示された戦後意識というものであり、それは産業構造の転換として表出する。第一次産業から第二、第三次産業へと転出すること、それが村から都市へ向かう回路であった。

高度成長期に始まるドラスチックな人口移動によって捨てられた村は、恐るべき速度で解体されていく。一九四五年に八千五百六十六を数えた村は、九六年には五百七十三となり、その過

図表1　日本の都市化の推移

| 年度 | 全国人口（万人） | 都市人口（万人） | 都市/全国 人口（%） | 都市数 | アメリカ 都市人口（万人） | アメリカ 都市/全国 人口（%） |
|---|---|---|---|---|---|---|
| 1890 | 4,097 | 320 | 7.8 | 47 | *1,413 | 28.2 |
| 1920 | 5,596 | 1,010 | 18.0 | 83 | 5,416 | 51.2 |
| 1930 | 6,445 | 1,544 | 24.0 | 107 | 6,896 | 56.2 |
| 1940 | 7,311 | 2,758 | 37.7 | 166 | 7,442 | 56.5 |
| 1945 | 7,200 | 2,002 | 27.8 | 206 | ―― | ―― |
| 1950 | 8,320 | 3,137 | 37.7 | 254 | 9,647 | 64.0 |
| 1955 | 8,927 | 5,053 | 56.6 | 496 | ―― | ―― |
| 1960 | 9,341 | 5,968 | 63.9 | 561 | 12,527 | 69.9 |
| 1965 | 9,828 | 6,736 | 68.5 | 567 | ―― | ―― |
| 1970 | 10,467 | 7,543 | 72.1 | 588 | 14,933 | 73.5 |
| 1975 | 11,194 | 8,496 | 75.9 | 644 | ―― | ―― |

東京都区部を１市として計算、沖縄県を除く。各国都市人口の割合は、イギリス(1973年)76.5%、フランス(1968年)70.0%、ソ連(1974年)60.1%、インド(1974年)20.6%。*は1880年度のもの。
出典；柴垣和夫『昭和の歴史９　講和から高度成長へ』

半数が過疎と指定されていることから、現在では村はもはや消滅してしまったといっていいだろう。

そうした村の消滅していくのと逆に都市化の推移も同様の速度で進行した【図表1】。

日本とアメリカの都市化の推移を比較してみると、日本の都市化の急速化が歴然とする。一九七〇年において、日本の都市人口比率は七〇%を超え、ほぼアメリカと同水準になった。アメリカの都市人口比率が一八九〇年の二八・二%から一九七〇年の七三・五%に推移するまでに八十年かかっていたのが、日本では一九四五年に二七・八%で、七〇年に七二・一%

であるから、わずか二十五年で達成されたことになる。そしてそれに比例して、都市数も二百六から五百八十八へと増加し、都市への人口集中と都市の膨張がいかにすさまじいものであったかを示している。

アメリカと比較して、この異常ともいえる日本の都市化の速度は、まぎれもなく高度成長が生み出したものであり、この時期に五〇％ちかい都市人口の増加をみたのである。そして流入する厖大な人口を吸収することで都市は増殖し、村の消滅と反比例してその数を増加させていく。

しかし一九五五年に都市人口が五〇％を超し、七〇年代にいたって七〇％を超えた段階から、都市はその臨界点を迎えようとしていた。

そのことに気づいた一九七一年版の『経済白書』は、「都市化社会の現代的課題」という一章をもうけ、都市化社会の問題のメカニズムを分析している。それを要約してみよう。

＊わが国の経済社会は、非常に急速な都市化の発展途上にある。

＊一九三五年には、都市数は百二十五であり、都市面積は二％、都市人口は二千三百万人、総人口比率三三％であったが、七〇年には、都市数五百七十九になり、都市面積は二五％、都市人口七千五百万人、総人口比率七二％となっている。

＊一九六〇年から七〇年にかけて、都市人口は千五百万人（二六％）増加。郡部人口五百万人（一五％）減少。世界でも有数の都市人口比率となる。

＊日本の都市の特徴は、都市人口の若年人口割合の高さである。東京三九％、大阪四三％。ちなみにロンドン二八％、ニューヨーク二六％、ローマ三〇％。

＊都市人口の流動性の高さもその特徴である。東京、大阪で二十年以上住んでいる人の割合は三〇％。

＊大都市圏が拡大し、東京、大阪、名古屋などの周辺では住宅都市としての人口急増都市が数多くなる一方、東京区部、大阪市では居住人口がそれぞれ六八年、六六年をピークに減少に転じ、オフィス地域、商業地域としての性格を強めている。

＊地方都市が発展し、人口増加を示すとともに、周辺市町村にはいくつかのベッドタウンが形成され、都市領域は広域化し、それにつれて工業立地も分散されてきている。

＊三大首都圏は、七〇年代に全国の総大学生数（短期大学生はふくまない）の七八％にあたる百九万人を吸収している。ちなみに全国総大学生数は百四十万人で、五五年の五十二万人から三倍ちかく増えている。

＊都市部における住宅建築戸数は、一九五六年から六〇年代にかけて、年平均五十二万戸（全国住宅建築戸数の八三％）、六一年から六五年にかけて、年平均六十三万戸（全国住宅建築戸数の八四％）、七〇年は百六十三万戸（全国住宅建築数の八三％）と推移し、六五年と七〇年を比較すれば、一・六倍の伸びを示している。人口の都市移動による住宅需要の増加に対応した数字である。

＊東京の場合、地価の高い都心、副都心にかけてはオフィスビルや中高層のマンションが増え、これらをとりまいてアパート群が立地し、持ち家は郊外で増え、一戸建て住宅が遠隔地へと拡散して、スプロール現象が生じている。

図表２　住宅ローンを利用できる階層と都心からの通勤距離

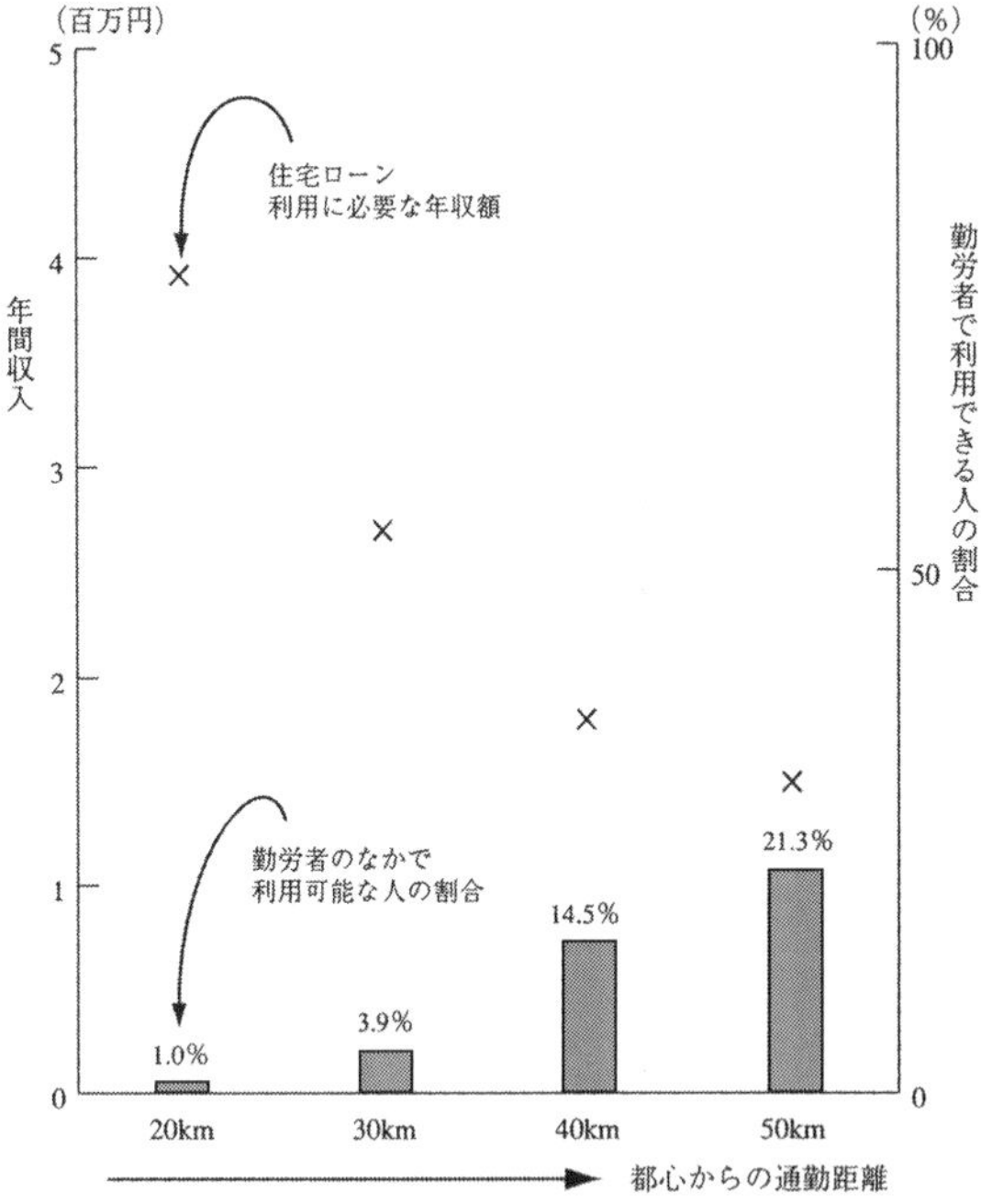


出典；『経済白書』1971年版

＊一九六〇年代の宅地価格は、六〇年を基準とすると六大都市では五倍以上上昇している。この間、都市労働者の実収入の伸びは二・五倍弱。住宅取得が困難になっている。

＊東京に例をとれば、中央線方面に住宅を取得した場合、住宅ローンを利用できる階層と都心からの距離は次のようである【図表2】。

これらの一九七一年版の

『経済白書』の都市の現状分析と見解は、六〇年代を通じて露出してきた、都市に住むことの不可能性を示唆している。世界に類をみない速度で進行した都市化と人口集中は、都市住民を否応なく郊外へとスプロール化させ、弾き出す臨界点に達していた。

都市の中心部はオフィスビルや商業ビルによって占拠され、あるいは高級マンションとして高層化し、これらの周辺をアパート群がとりまいている。そして一九六〇年代の地価の上昇は、住宅ローンを利用できる階層ですら、中央線五十キロ圏を想定しても、五人に一人しか持ち家を実現することが不可能な時代に突入し、持ち家を志向するならば、中央線沿線以外の郊外へと押し出されるほかはない東京の情況を、【図表2】は如実に示している。

そしてこの時代の都市の住宅環境とは次のようなものだ。

大都市住民の住生活をささえているのは、マンションでも分譲住宅でもなく、木造賃貸（木賃）アパートとよばれる六畳一間ばかりの民営借家である。たとえば総理府の調査によると、昭和四十三年現在、東京の住宅の三八％は木賃アパートで、都民の二五％はその住民である。五年前は、それぞれ二九％、一八％にすぎなかった。

（早川和男「木賃文化の克服」『東京百年史』第六巻より再引用）

したがって、高度成長期に都市へと向かった厖大な人々が都市に住みつこうとするならば、住

図表3　東京圏、東京都、東京都区部、都心7区の人口の推移

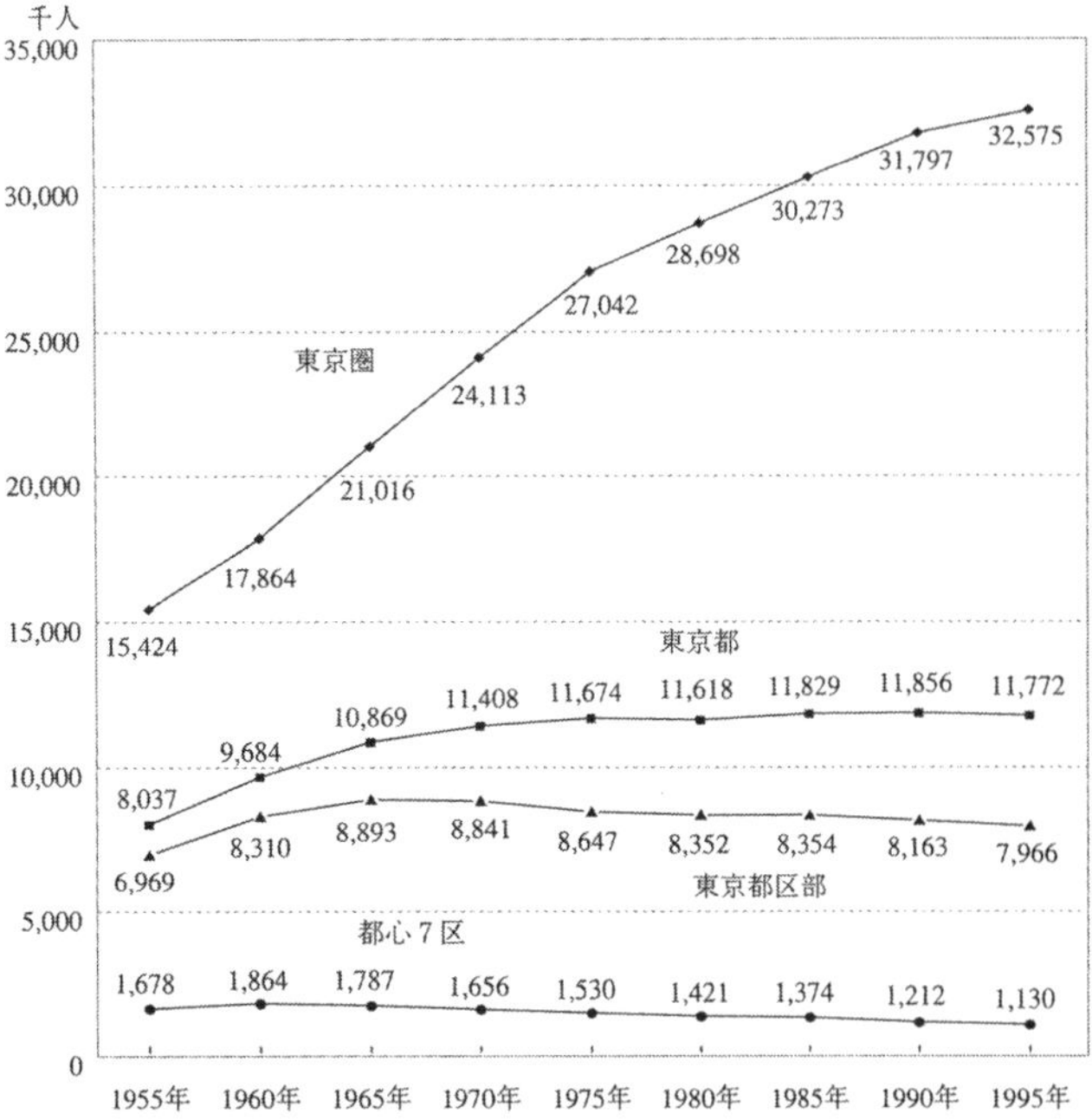


資料；総務庁統計局「国勢調査」
出典；住宅政策研究会編『図説日本の住宅事情』

居形態として、次のような回路をたどるほかはなかった。間借り・寮↓木賃アパート↓団地↓マイホームという回路である。そして彼らが住居形態を変化させるたびに、都市の外側へと拡散していくのは必然的な過程であった。そのようにして、住居形態の変化が団地、マイホームの段階にいたる地点で、新興住宅地は形成され、都市でも地方でもない、あるいは村でも町でもない郊外となって出現する。それは大都市周辺ばかりでなく、地方都市や小都市に

も波及し、郊外に住むという生活様式を誕生させることになったのだ。そしてその誕生と成立もまた、都市化と同様の軌跡を描いたのである。

しかし一九七一年版の『経済白書』の分析においては、『岩波講座　現代都市政策』がそうであったように、都市の内側が問題とされ、その外側に顕在化しつつあった郊外にはまだ焦点があてられていない。それでは、郊外が誕生し、郊外社会が成立したのはどの時代だったのか、次の図表を参考にして検証してみよう【図表3】。

【図表3】は、高度成長期に都市へとたどりついた厖大な人々が、その東京という都市空間をどのように移動し、拡散していったかを示すひとつのモデルとなっている。一見してすぐわかるのは、東京都、東京都区部、都心七区の人口の推移がゆるやかであるのに比較して、東京圏（東京都、神奈川県、埼玉県、千葉県）の人口の推移が急カーブで上昇している点である。

都心七区（千代田、港、新宿、中央、文京、渋谷、豊島）は一九六〇年から人口減少に転じ、東京都区部は六五年から人口減少、東京都全体では七〇年からほぼ横ばいの状態が続き、九五年で減少し始めている。しかし東京圏では、五五年の千五百四十二万人から上昇の一途をたどり、四十年後の九五年には三千二百五十八万人と倍以上の人口増加となっている。そしてこの東京圏の人口の上昇カーブのなかに郊外社会が成立していく過程がおりこまれている。

東京圏の人口が増加していくのは、東京をとりまく神奈川、埼玉、千葉の三県の人口が膨張していくことに起因し、その人口の推移のカーブの上昇からいって、東京圏においては、郊外は一九六〇年代に徐々にその姿を現し、三県の人口が東京都人口を超えた七〇年から七五年にかけて成立したといっていいだろう。そして郊外は九五年にいたるまで成長し続けてきたことになる。

この東京圏が郊外社会へと変容していく過程において、東京圏における都市はどのような影響をこうむり、どのような成長と衰退をたどらなければならなかっただろうか。

佐貫利雄は先に引用した『成長する都市　衰退する都市』において、厖大なデータベースを駆使して、戦後の人口十万人以上の都市の成長と衰退の分析を行っている。そのなかから茨城県をふくめた東京圏の都市を抽出してみる。

佐貫利雄の分類によれば、一九六〇年から六五年にかけては、東京圏において衰退・停滞する都市はなく、成長・急成長する都市ばかりであった。

成　長――東京二十三区、熊谷、武蔵野、横須賀、小田原
急成長――川越、浦和、川口、大宮、千葉、市川、船橋、松戸、八王子、立川、三鷹、府中、調布、小平、横浜、川崎、平塚、鎌倉、藤沢、茅ケ崎、相模原

しかし一九七五年から八〇年にかけては、衰退・停滞する都市が現れ始め、成長・急成長の都市も変化していく。

図表4　1960〜65年にかけて急成長した都市

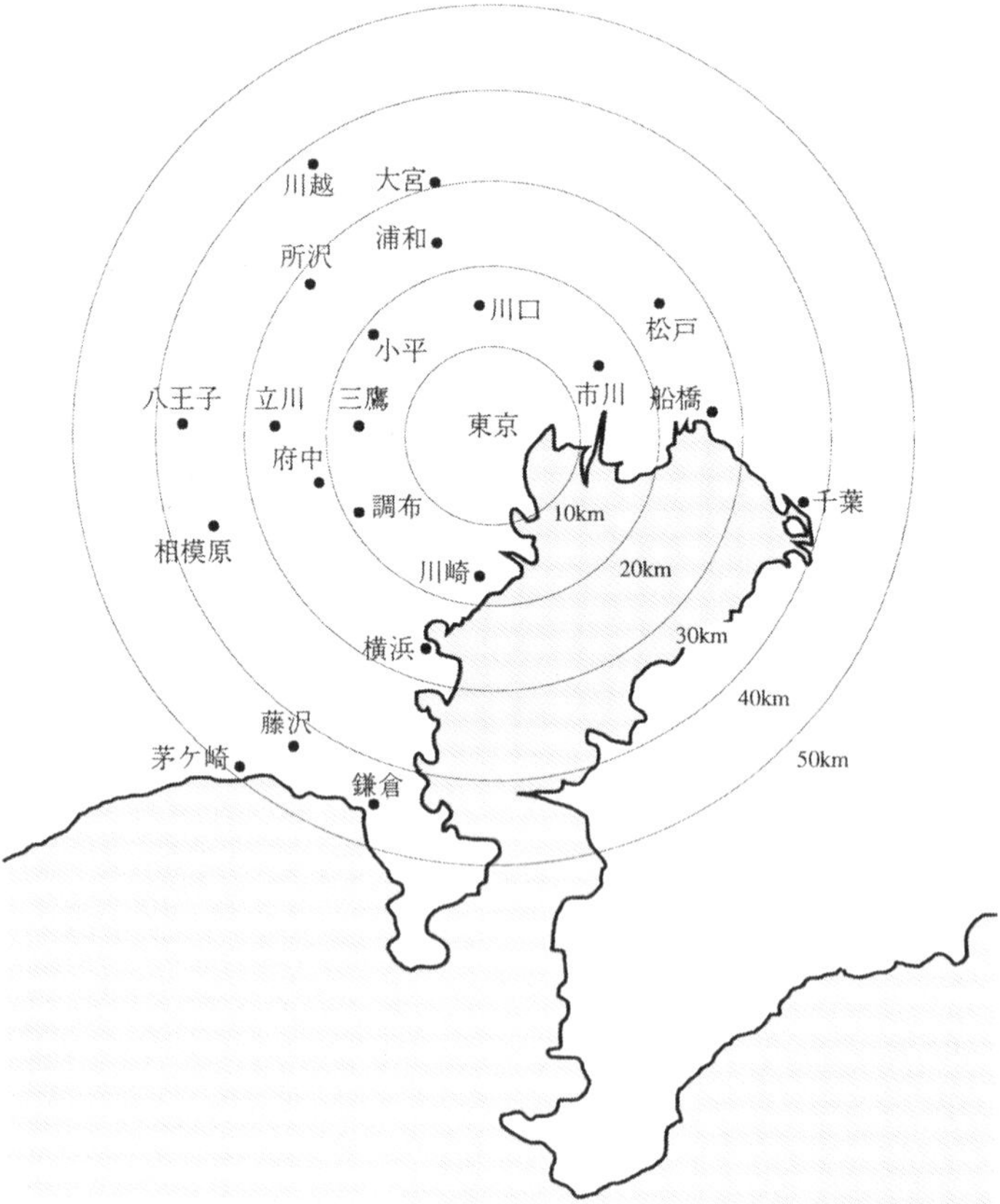

図表5　1975〜80年にかけて新しく登場した急成長の都市

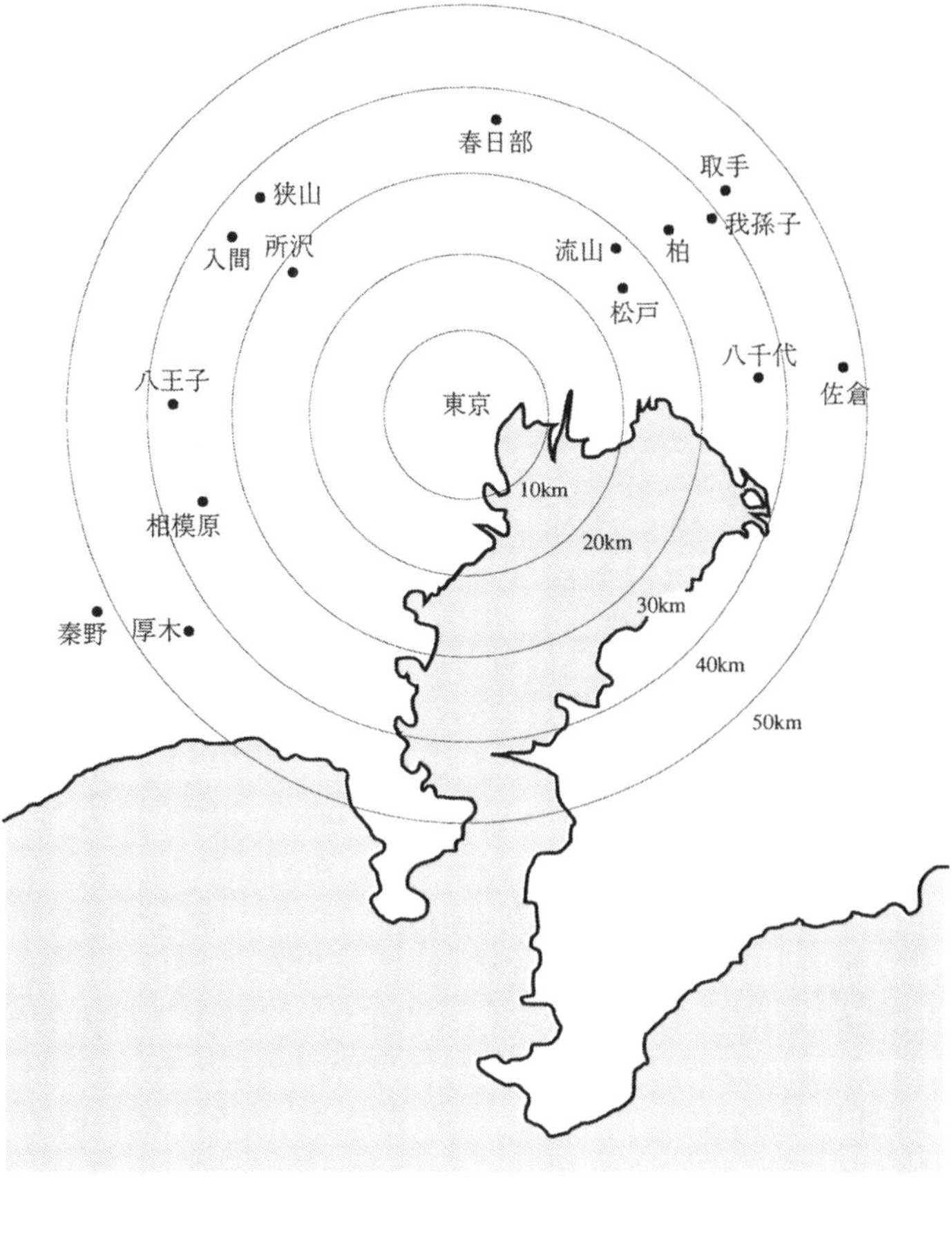

図表6　東京都市圏・距離帯域別人口増減パターンの変化

（1,000人）

| 期別／CBDからの距離 | | 人口（1980年） | 増加数（55～80年） | 増減率（%）（Ⅰ）55～60年 | （Ⅱ）60～65年 | （Ⅲ）65～70年 | （Ⅳ）70～75年 | （Ⅴ）75～80年 | 人口シェア（80年） | 増加寄与率（55～80年） |
|---|---|---|---|---|---|---|---|---|---|---|
| 東京50km圏 | | 26,339 | 12,845 | 18.6 | 19.8 | 15.5 | 12.7 | 6.4 | 91.8 | 96.8 |
| 距離帯域別 | 0～10km未満 | 3,752 | △344 | 13.4 | △1.4 | △6.6 | △6.4 | △6.3 | 13.1 | △2.6 |
| | 10～20 〃 | 7,860 | 3,789 | 29.8 | 25.4 | 11.9 | 3.9 | 2.1 | 27.4 | 28.6 |
| | 20～30 〃 | 5,377 | 3,633 | 22.7 | 40.5 | 36.6 | 21.7 | 9.2 | 18.6 | 27.4 |
| | 30～40 〃 | 5,754 | 4,019 | 15.4 | 36.9 | 45.0 | 29.2 | 14.2 | 20.1 | 30.3 |
| | 40～50 〃 | 3,596 | 1,750 | 3.3 | 15.4 | 8.1 | 33.8 | 16.2 | 12.5 | 13.2 |
| 東京都市圏 | | 28,694 | 13,270 | 15.8 | 17.7 | 14.7 | 12.1 | 8.9 | 100.0 | 100.0 |

出典；佐貫利雄『成長する都市　衰退する都市』

衰　退――東京二十三区、武蔵野、三鷹、小金井、小平

停　滞――熊谷、立川、調布、川崎、鎌倉、小田原

成　長――川口、浦和、大宮、新座、川越、上尾、草加、越谷、習志野、千葉、市川、船橋、木更津、市原、府中、東村山、東久留米、町田、日野、横浜、横須賀、平塚、茅ケ崎、大和

急成長――所沢、春日部、狭山、入間、松戸、佐倉、柏、流山、八千代、我孫子、八王子、相模原、秦野、厚木

これらの都市のうちで、一九六〇年から六五年にかけて急成長した都市、それから七五年から八〇年にかけて新しく登場した急成長の都市を地図化してみれば、次のようになる【図表4・5】。

このふたつの地図を対照すると、東京圏における成長・急成長の都市が、時計回りの方向で外側へとスプロールしていく推移がよくみてとれる。東京都、東京圏の人口推移に対応する構図となっている。

それではこの東京五十キロ圏における人口移動はどうだったのだろうか。佐貫利雄は「東京都市圏・距離帯別人口増減パターンの変化」【図表6】を示しながら次のように述べている。

昭和三〇年から五五年までの二五年間に〇～一〇km圏では人口が三四四千人も減少しているのに、一〇～二〇km圏では三、七八九千人、二〇～三〇km圏では三、六三三千人、三〇～四〇km圏では四、〇一九千人、さらに四〇～五〇km圏では一、七五〇千人というように郊外地域で人口が大幅に増加している。とくに一〇～四〇km圏で一一、四四一千人も増加しているのが最大の特徴である。

この動向を期別にみると、第Ⅰ期（三〇～三五年）では一〇～二〇km圏の人口は増加が二九・八％と最も高く、第Ⅱ期（三五～四〇年）では二〇～三〇km圏の人口増加率が四〇・五％で最高の伸びとなっている。また、第Ⅲ期（四〇～四五年）には三〇～四〇km圏が四五・〇％増、第Ⅳ期（四五～五〇年）では四〇～五〇km圏が三三・八％増とそれぞれピークとなっており、五年ごとに人口増加のピークが一〇kmずつ郊外化してきたことがわかる。（中略）第Ⅴ期（五〇～五五年）においても、人口増加のピークは四〇～五〇km圏である。

（佐貫利雄『成長する都市　衰退する都市』）

ここに鮮やかに戦後社会の進行による郊外化が切りとられている。一九五五年以降「五年ごとに人口増加のピークが一〇㎞ずつ郊外化してきた」ことが【図表6】とともに証明される。

東京五十キロ圏で、十キロ圏内の人口が減少に転じ十〜三十キロ圏が増加していく一九六〇年代は、五五年に設立された日本住宅公団による大型団地の建設の時代でもあった。六〇年代半ばにあいついで建設された東京都の赤羽台、千葉県の常盤平、高根台、豊四季、埼玉県の草加松原などの五千戸以上の大型団地は、いずれも東京圏十〜三十キロ圏に位置していたし、また同時代に建設された中小団地も大半が同じ圏内に集中していた。したがって、六〇年代における十〜三十キロ圏の人口増加は、こうした団地の建設による都市住民の移動と密接な関係があると思われる。

一九五五年の設立から七四年までの二十年間に日本住宅公団が建設した賃貸住宅は約五十九万戸、分譲住宅は約三十四万戸で、それらを合計すれば約九十三万戸に及んでいる。2DKに象徴される、まぎれもなく戦後的住居である高層の集合住宅団地の風景が、六〇年代の進行とともに日本の社会に浸透していったという事実を、この数字と十〜三十キロ圏の人口増加が示している。

それでは、このように急速に大量生産された団地の住民は、どのような位相におかれていたのか。団地における賃貸住宅の居住者について『日本住宅公団20年史』は次のように記している。

公団住宅居住者の構成は、過去二〇年間ほとんど変化しておらず、収入、年齢、学歴、職業、家族構成など、いずれの点においても、ほぼ類似している。ちなみに、公団が昭和三五年以来五年ごとに実施している公団住宅居住者の定期調査によると、世帯主の平均年齢は、三五年三五・一歳、四〇年三六・二歳、四五年三七・五歳で、若干上昇の傾向にあるとはいえ建設後一〇年以上を経た団地が増えているにもかかわらず、大幅な変化はない。職業も、各年度とも企業の管理職、専門職、事務職が七〇%以上を占め、三五歳前後の典型的な中堅サラリーマンである。家族数は、それぞれ三・二人、三・四人、三・四人とほとんど変わらず、夫婦二人に子供一人か二人の都市の核家族を想像することができ、世帯主は一時間以上かけて都心に通うサラリーマンであることも、その調査は示している。

（『日本住宅公団20年史』）

このように日本住宅公団によって提出された公団住宅居住者の像からなにを抽出することができるだろうか。

戦前の生まれで、地方出身者。高度成長期によりそうように生き、サラリーマンとしては会社で比較的恵まれた位置にいる。結婚して都心の木造アパートか社宅にいたか、子どもか産まれたため新しい住生活と環境を求めて移り住んできた。これまでと比べて、会社までの通勤時間はかかるが、高倍率にもかかわらず入居できて幸運だった。しかし住居の形態からいって子どもは二人以内だろう……。

まさしく『日本住宅公団20年史』がいうがごとく、「典型的な中堅サラリーマン」で、「都市の核家族」であり、現在の郊外に住む家族のイメージの原型がこの団地居住者の像から浮かびあがってくる。そしてそのイメージの背後には、都市へと向かい、サラリーマンとなり、職場の近くに住居を求めることを拒絶され、団地という空間にしかその住居を求めざるをえなかった地方出身者の諦念がおりこまれているといっていい。そして同時に、彼らは戦後社会での初めての郊外生活者であり、この団地居住者のイメージも郊外の膨張によってスプロール化し、郊外社会を覆う色彩の基調となるだろう。

このようにしてたどりついた団地にも、住むことの不可能性がすみやかに訪れてくることになる。『日本住宅公団20年史』は、「賃貸住宅団地の居住者の平均的居住年数は、昭和四十五年の定期調査によると、およそ四・五年である」と述べ、続けて「公団住宅を退居する人は比較的短期間に住み替えしていくのに、とどまる人は長期化し、しかも、とどまる層には比較的高齢者が多い」と報告している。

一九七〇年代になって露出してきたこのような事実は、高度成長という戦後日本社会の経済成長のために都市へと否応なく召喚された人々に対して、国家が経済成長のためのサラリーマンの基地として用意した団地が、もはや住居空間としての機能の限界を呈し始めたことを告げている。

「およそ四・五年」の平均居住年数は、長期居住者を除いて考えれば、さらに短縮されざるをえない。すでにこの時代において、高度成長期は終息の場面を迎えようとしていたし、高度成長と併走するようにして大量生産された鉄とコンクリートの団地の使命もまた、その消滅点へと近づいてきていた。それはなによりも、日本公団住宅の賃貸住宅の計画戸数が七一年をピークとして減少し始めたことに表れている【図表7】。

図表7　日本住宅公団の賃貸住宅の計画戸数

(戸)

| 区分 / 年度 | 計画戸数 | | |
|---|---|---|---|
| | 賃貸住宅 | 分譲住宅 | 計 |
| 1955 | 10,000 | 10,000 | 20,000 |
| 1956 | 12,000 | 11,000 | 23,000 |
| 1957 | 24,000 | 11,000 | 35,000 |
| 1958 | 20,000 | 10,000 | 30,000 |
| 1959 | 20,000 | 10,000 | 30,000 |
| 1960 | 20,000 | 10,000 | 30,000 |
| 1961 | 21,000 | 11,000 | 32,000 |
| 1962 | 22,000 | 11,000 | 33,000 |
| 1963 | 23,000 | 11,000 | 34,000 |
| 1964 | 24,000 | 12,000 | 36,000 |
| 1965 | 37,000 | 16,000 | 53,000 |
| 1966 | 32,000 | 21,000 | 53,000 |
| 1967 | 36,000 | 25,000 | 61,000 |
| 1968 | 43,000 | 26,000 | 69,000 |
| 1969 | 52,000 | 26,000 | 78,000 |
| 1970 | 55,000 | 26,000 | 81,000 |
| 1971 | 62,000 | 26,000 | 88,000 |
| 1972 | 48,000 | 22,000 | 70,000 |
| 1973 | 35,000 | 24,000 | 59,000 |
| 1974 | 25,000 | 25,000 | 50,000 |
| 計 | 621,000 | 344,000 | 965,000 |

出典；『日本住宅公団20年史』

事実そのことを証明するように、日本住宅公団はその十年後、宅地開発公団に統合され、住宅・都市整備公団と名称を変えた。日本住宅公団を消滅させず、延命化させた結果はどうだったのか。その住宅・都市整備公団は九七年になって、一万戸以上の未入居、空き家の賃貸住宅、二千戸弱の分譲住宅の売れ残りをかかえ、分譲住宅事業からの撤退を表明した。その兆候はすでに賃貸住宅の計画戸数が減少に向かった七二年の時点で露呈し始め、すでに国家の管理による団地建設の意味は解体されようとしていたのである。それは、重工業化を中心とした高度成長期を終え、七〇年代以降の消費社会へと離陸しようとしていた大衆の家族と生活様式のイメージを、日本住宅公団が捉えることができなかったことを意味している。

それはまた同時に、日本住宅公団が独占してきた住宅団地の開発や建設の業務や技術全般が民営化された時代に入ったことをも示唆している。そのことについて『日本住宅公団20年史』は能天気に次のように告白している。

昭和四〇年代の前半、わが国の住宅生産の工業化がようやく本格化しようとしていた時期に、住宅産業が、日本経済の主導的産業として、情報産業、レジャー産業などと並んで華々しく登場し、各界の注目を集めるようになった。これは、単に製造業の一部門として、工場生産住宅を生産する企業が生まれたということではなく、従来、建設業とは比較的関連の薄かった商社、金融業、不動産業、一般製造業といった企業がグループを形成し、住宅用部品、設備等の製造や組立て、施工を中心に、土地の供給までも含めて、およそ住宅の供給に必要な関連産業の分野で、大量供給システムを形成し、一つの産業として成立したことを意味する。

つまり一九六〇年代後半にいたって住宅産業が登場してきたことは、日本住宅公団の独占であった住居の大量供給システムが民間企業でも可能な段階に到達したことでもあり、七〇年代以降の郊外の開発が、日本住宅公団から住宅産業を中心とする「商社、金融業、不動産業、一般製造業といった企業」に移行したことを物語ってもいる。そしてそのことは、「住宅生産の工業化」による「大量供給システム」が完成し、それまでの大工という職人によって家を建てるというイメージが後退していく時代に入ったともいえる。

こうした時代を背景にして、「およそ四・五年」で退居するという団地居住者たちは、どこへ移り住んでいったのだろうか。都市の内側へと回帰することは不可能であるから、おそらく彼らの大半がマイホームを求めて、団地のさらに外側の郊外へと向かう。かつて都市をめざしたように、今度は郊外へと。かくして郊外はかぎりなく膨張していく。そして彼らの行く手である郊外には、日本住宅公団のかわりに、「住宅生産の工業化」による「大量供給システム」を完成させた住宅産業を中心とする「商社、金融業、不動産業、一般製造業といった企業がグループを形成し」、彼らを待ち受けているのである。

東京オリンピックに端を発する、道路網の整備や、首都高速道路・地下鉄・私鉄の新設や延長、自動車の普及、そして民間住宅産業の大量生産によるマイホームの出現。時代の情況のすべてが、郊外に住むことの可能性を告知していた。それに村から都市へと出郷してきた都市住民にとって、帰るべき故郷である村はもはや消滅していた。だから村の面影が残存する郊外は好ましい約束の地として映ったのかもしれない。

郊外に人口が移動し、団地やマイホームが建っていくという過程は、田や畑、丘陵地や山麓が宅地になっていく風景を出現させることだ。都市住民が郊外へと向かったとき、彼らを受け入れる郊外、それは現実的には都市近郊の農村を意味していた。その農村はどのような変容をこうむらなければならなかっただろうか。

それは、混住社会という現象となって表れる。この混住社会という言葉は、一九七二年版の『農業白書』で初めて使用された用語である。『農業白書』は大都市近郊の農村が、「専業農家、兼業農家および非農家の混住する地域社会に変化し（中略）、農村社会の混住社会的性格が増大している」と指摘した。

この混住社会について、農村社会学者の蓮見音彦は次のように書いている。

混住社会という新しい言葉が生み出された一つの理由としては、都市近郊的な、農家と非農家の混住する地域が、近年急速に増加してきたことをあげることができよう。昭和四五年に農林省が行った農業集落調査の結果、「一農業集落当たり平均戸数規模は、農家数三七戸、非農家数四四戸、総戸数八一戸であり、昭和三五年当時の農家と非農家との割合と比較して、その比が三五年では六一対三九であったものが、四六対五四と非農家の方が多くなった」という注目すべき報告がなされた。三五年当時でも、農家数を非農家数が上まわるという集落はあったが、四五年には、全国平均したときにも一つの集落を構成する非農家数が農家数を上まわるという結果になったのであり、驚くべき結果ともいうべきものであった。そしてこの傾向はさらに五〇年になると、一集落当たり農家三五戸、非農家八三戸、総戸数一一八戸となり、農家と非農家との割合は、なんと三〇対七〇という結果を示すにいたった。

（蓮見音彦「混住社会の拡大――その現状と問題」『明日の都市3　都市と農村』所収）

ここにあげられた農家と非農家の混住の比率の推移のなかに、農家を主要な構成員とした均一な地域社会であった農村が変貌していく風景が浮かびあがってくる。七〇年に農家と非農家比率が逆転し、七五年には三〇対七〇と非農家の割合が大多数を占めるようになった。混住社会の進行もまた七〇年代前半だったのだ。そして混住社会化とは、同時に、郊外社会の成立にほかならない。

それならば、農村であることを断念し、都市へとくみこまれ、混住社会、郊外社会となった地域社会は、七〇年以後どのように変貌していったのか。その内実が問われなければならない。

ここでは、やや唐突と思われるかもしれないが、千葉県の我孫子市をモデルケースとしてとりあげてみることにする。それはたまたま『首都圏近郊都市の研究』（地方自治協会編）という我孫子市を扱った文書を入手したことにもよるが、郊外化という現象を実証的に裏づけるための数値を多く提供し、本書もこれまで何度か引用してその恩恵にあずかっている、佐貫利雄の『成長する都市　衰退する都市』のなかで、一九七五年から八〇年にかけて急成長した東京圏の十四の都市のうちのひとつにあげられているからでもある。

この一九八二年に刊行された『首都圏近郊都市の研究』は、千葉県の我孫子、四街道両市を事例として、首都圏近郊都市の変貌と問題を、混住社会、郊外社会といった社会学的概念を用いずに、公文書特有の具体的な数字とデータのなかに浮かびあがらせる方法論によっている。しかしそのことが逆に、郊外化――混住化していく地域社会のリアルな現状を鮮明に描写する結果となっている。

まず『首都圏近郊都市の研究』は、我孫子市について次のようなプロフィールを描いている。

我孫子市は、国鉄常磐線に沿って、柏市についで連続的に膨張発展してきた首都圏三〇〜四〇㎞圏の、人口一〇万三千人（昭和――引用者）五六年一〇月）のベッドタウンである。市域の面積は四、四〇七haであるが、そのうち市街化区域は三四・三％の一、五一二haを占め、市内の国鉄駅六駅を中心に、市街化区域の四一％が市の都市計画によって計画的に造成され、大企業の社宅団地や、東急不動産や平和不動産など民間大手のデベロッパーの造成した住宅団地、それに日本住宅・都市整備公団の手になる湖北台団地など、首都圏の一等の住宅地として発展し、ゴルフ場も、手賀沼を望んで我孫子ゴルフ倶楽部、利根川河川敷に東我孫子カントリークラブもあって、典型的な人口急増の地方中都市である。

まぎれもない東京圏の郊外の都市が具体的な姿で現れてくる。郊外の開発がすでに住宅・都市整備公団だけでなく、住宅産業を中心とする「商社、金融業、不動産業、一般製造業といった企業」によって行われている事実が記述されている。首都圏三十~四十キロ圏のベッドタウン、大企業の社宅団地、民間デベロッパーの造成した住宅団地、住宅・都市整備公団の湖北台団地、「典型的な人口急増の地方中都市」であり、郊外の風景だ。いうまでもなくそれはまだ新しい風景であり、その新しい風景の背後にはかつてなにがあったのか。それはやはり農村である。

我孫子市は、一九五五年に我孫子町、布佐町、湖北村が合併して我孫子町となり、七〇年に市政に移行した都市である。従来は米作、養鶏、畜産、野菜栽培を主とする農業地帯であった。それがどのようにして都市にくみこまれた農村となり、郊外へと変貌したのか。

人口の推移からみてみよう【図表8】。

一九七〇年から八〇年にかけては、六万人ちかくの人口増加を示し、六五年の人口の三倍強に及んでいる。とくに七一年には湖北台団地の入居が開始されたため、一万人以上増加し、二六

図表８　我孫子市の人口の推移

| 年 | 人口総数 | 増加数 | 人口増加率 |
|---|---|---|---|
| 1961（昭和36） | 27,834人 | | |
| 1962（昭和37） | 28,629 | 795人 | 2.8% |
| 1963（昭和38） | 29,666 | 1,037 | 3.5 |
| 1964（昭和39） | 31,257 | 1,591 | 5.1 |
| 1965（昭和40） | 32,933 | 1,676 | 5.1 |
| 1966（昭和41） | 33,752 | 819 | 2.4 |
| 1967（昭和42） | 35,336 | 1,584 | 4.5 |
| 1968（昭和43） | 37,037 | 1,701 | 4.6 |
| 1969（昭和44） | 38,950 | 1,913 | 4.9 |
| 1970（昭和45） | 40,630 | 1,680 | 4.1 |
| 1971（昭和46） | 51,121 | 10,491 | 25.8 |
| 1972（昭和47） | 57,087 | 5,966 | 10.5 |
| 1973（昭和48） | 62,479 | 5,392 | 8.6 |
| 1974（昭和49） | 68,408 | 5,929 | 8.7 |
| 1975（昭和50） | 73,986 | 5,578 | 7.5 |
| 1976（昭和51） | 78,562 | 4,576 | 5.8 |
| 1977（昭和52） | 83,429 | 4,867 | 5.8 |
| 1978（昭和53） | 91,714 | 8,285 | 9.0 |
| 1979（昭和54） | 96,222 | 4,508 | 4.7 |
| 1980（昭和55） | 99,717 | 3,495 | 3.5 |

1970（昭和45）年４月湖北台団地入居開始。同年12月人口５万人となる。
出典；『首都圏近郊都市の研究』
以下我孫子市に関する図表はいちいち断らないが同書によっている。

図表9　我孫子市の市立小中学校児童・生徒数等の推移

(校、学級、人)

| 区分 | 小学校 | | | 中学校 | | |
|---|---|---|---|---|---|---|
| | 学校数 | 学級数 | 児童数 | 学校数 | 学級数 | 生徒数 |
| 1965 | 6 | 85 | 3,254 | 3 | 37 | 1,600 |
| 1970 | 7 | 114 | 4,148 | 4 | 44 | 1,588 |
| 1971 | 7 | 126 | 4,722 | 4 | 46 | 1,739 |
| 1972 | 7 | 144 | 5,428 | 4 | 49 | 1,885 |
| 1973 | 7 | 160 | 6,129 | 4 | 54 | 2,087 |
| 1974 | 8 | 183 | 6,987 | 4 | 59 | 2,296 |
| 1975 | 9 | 207 | 8,010 | 4 | 64 | 2,559 |
| 1976 | 9 | 230 | 8,987 | 5 | 74 | 2,846 |
| 1977 | 10 | 262 | 10,058 | 5 | 81 | 3,279 |
| 1978 | 10 | 295 | 11,590 | 5 | 95 | 3,866 |
| 1979 | 10 | 321 | 12,559 | 6 | 103 | 4,158 |
| 1980 | 11 | 337 | 13,170 | 6 | 113 | 4,562 |

%という驚くべき増加率となっている。その後多少鈍化しているとはいえ、十年間にわたって膨張し続けていることを人口推移は示している。毎年の人口増加の内訳は、八〇~九〇%が社会増であり、とくに東京からの転入が四〇%を占め、都市へ通勤する人々がやはり四〇%以上になっている。

世帯数は一九五五年の五千世帯弱から、八〇年には約六倍の三万世帯弱に移行するが、世帯人員は逆に五五年の五・二人から、八〇年には三・五人と減少している。これは少子化した核家族の流入によると考えられる。しかし子ども数の増加も人口増に比例している【図表9】。

小中学生の数は十五年間で四倍強、中学生は三倍弱と増えているが、この増加によって、人口に占める小中学生の割合が、一九六五年の一五%であったのが一八%に上昇する。そして

図表10　年齢（5歳階級）別人口

（人、％）

| 年　齢<br>（5歳階級） | 郡　部 | 我孫子市 |
|---|---|---|
| 総　数 | 695,660 | 75,402 |
| 15～19 | 49,977<br>（7.2） | 4,296<br>（5.7） |
| 20～24 | 50,661<br>（7.3） | 4,884<br>（6.5） |
| 25～29 | 59,107<br>（8.5） | 7,894<br>（10.5） |
| 30～34 | 48,837<br>（7.0） | 8,710<br>（11.6） |
| 35～39 | 46,964<br>（6.8） | 7,245<br>（9.6） |
| 40～44 | 49,924<br>（7.2） | 5,601<br>（7.4） |
| 45～49 | 49,920<br>（7.2） | 4,068<br>（5.4） |
| 50～54 | 41,017<br>（6.0） | 2,927<br>（3.9） |
| 55～59 | 35,359<br>（5.1） | 2,506<br>（3.3） |
| 60～64 | 32,942<br>（4.7） | 2,106<br>（2.8） |
| 65～ | 73,128<br>（10.4） | 3,543<br>（4.7） |

さらに高校生、大学生を加えるならば、学生の比率が二五％ちかくになるのではないかと推定される。七五年の年齢別人口調査【図表10】によれば、三十歳代が最も多く二一％であるから、人口の構成比率からいえば、学生数のほうが三十歳代人口を上回っていることになる。したがって、学生数と三十歳代、それと二十歳代の一七％を加えれば人口の過半数を超える、若年人口中心の都市へと変貌していったことがわかる。四十歳以上が占める人口割合はなんと二八％にすぎない

図表11　我孫子市の産業別就業者数

| 産業＼年次 | 1960 | 1965 | 1970 | 1975 |
|---|---|---|---|---|
| 第 1 次 | 36.5%<br>(4,577) | 24.7%<br>(3,814) | 13.8%<br>(3,145) | 7.4%<br>(2,343) |
| 第 2 次 | 24.6%<br>(3,088) | 30.3%<br>(4,682) | 34.3%<br>(7,806) | 30.7%<br>(9,770) |
| 第 3 次 | 38.8%<br>(4,863) | 45.0%<br>(6,958) | 51.9%<br>(11,783) | 61.4%<br>(19,524) |
| 就業者数計 | 12,533人 | 15,458人 | 22,754人 | 31,805人 |

図表12　我孫子市第３次産業（事業所）の推移

| 産業分類 | 1966年 | 1972年 | 1978年 | | |
|---|---|---|---|---|---|
| | | | 実　数 | 構成比 | 対66年伸び率 |
| 総　　数 | 1,213 | 1,799 | 2,460 | 100.0% | 202.8% |
| 第１次産業 | 2 | 7 | 4 | 0.2 | 200.0 |
| 第２次産業 | 228 | 312 | 415 | 16.8 | 182.0 |
| 第３次産業 | 983 | 1,480 | 2,041 | 83.0 | 207.5 |
| 卸小売業 | 605 | 900 | 1,230 | 50.0 | 203.3 |
| 金融保険業 | 8 | 17 | 28 | 1.1 | 350.0 |
| 不動産業 | 64 | 100 | 134 | 5.5 | 209.4 |
| 運輸通信業 | 21 | 31 | 31 | 1.3 | 147.6 |
| 電気ガス水道業 | 4 | 4 | 5 | 0.2 | 125.0 |
| サービス業 | 281 | 407 | 589 | 23.9 | 209.6 |
| 公　　務 | - | 21 | 24 | 1.0 | - |

し、六十歳以上にいたっては八%に満たない。かくして我孫子市は郡部に比べて圧倒的に若年人口中心の都市であり、それがまた郊外社会に共通する大きな特徴のひとつでもある。そしてそれは、七一年版の『経済白書』が指摘していた、日本の都市人口の若年人口割合の高さ（東京三九%）がさらに上昇するかたちで郊外へと移行したことを示している。

さらに、人口増加にともない産業別就業者数はどのように変化しただろうか【図表11】。日本の農村の農家と非農家の割合が、全国平均で三〇対七〇の混住社会に移行したのが、一九七五年であるから、すでに我孫子市は六〇年の時点で、七五年の全国平均の農村の状態に近づいていたことが、産業別就業者数からうかがわれる。すなわち、東京圏の農村であるがゆえに、混住社会がいち早く進行していたのである。

産業構造の変化も混住化、郊外化によって加速している。第一次産業就業者は激減していき、第二次産業就業者は七〇年以後減少へと向かい、七〇年には第三次産業就業者が五〇%を超え、その後も上昇を続けている。したがって、流入人口の大半が第三次産業に従事するサラリーマンであることを、【図表11】の産業別就業者数の推移は示している。

一九七五年になって、我孫子市の人口の六〇%以上を第三次産業就業者が占めるようになっていくのとパラレルに、市の産業構造も第三次産業化していく。市の第三次産業事務所の推移をみれば次のようである【図表12】。

一九六六年に比較して、七八年には第三次産業の事務所は一・八倍になっているが、工場等は横ばいであるので、第三次産業のうちの不動産業が二倍強になっていることと関連づけると、建築会社や工務店が増えたことの反映であると思われる。これはまた郊外の新興住宅地特有の現象でもある。

第三次産業の事務所は倍増しているが、駅前を中心とする商業立地であり、零細商店が多く、魅力のある商店街を形成しているようではない。住民の購買志向は他の都市に向いており、五十人以上の従業員をかかえる大型店はスーパーのダイエーをふくめて四店しかない。小売業、飲食店は七〇年から十年間で、それぞれ一・八倍、二・七倍に増えている。しかし、人口増加の比率からすれば三倍になっていてもおかしくはないのであるから、住民の需要に見合うだけの商業都市にはいたっていない。第三次産業事務所で唯一それを満たしているのが金融保険業で、三・五倍となっている。住宅ローンやそれに関連する保険が発生するためすみやかに進出してきたことを示し、それは郊外が銀行や保険会社の有望な市場であることを象徴しているように思える。

それではこのような情況を背景として成立した我孫子市という郊外社会に住む住民の意識とは、どのような位相において描かれるのか。『首都圏近郊都市の研究』のなかで、八一年に実施された「市民意識調査結果速報」のデータが公表されているので、それに沿って住民の意識と生活の位相を追跡してみる。

住民に関しては、一戸建て持ち家層が占める割合が七四％、マンション持ち家層が六％で、持ち家層は非常に高い（サンプル調査であるにしても）。ちなみに八三年の全国平均持ち家率は六二・四%である。

居住歴は「生まれてからずっと」という人々はわずか一二%、「五五年以前から」の人々が七%、これに対して「七〇年以後から」の人々が六〇%を占めている。

「自分の町」意識では、「感じている」が七六%、「感じていない」「わからない」が二三%となる。「感じている」七六%は持ち家率八〇%に照応する数字であるため、持ち家層が「自分の町」意識をもっていると考えられる。

定住意識に関しては、「ずっと住みつづけたい」が四九%、「できれば住みつづけたい」が三二%、「市外へ移りたい」が九%となる。「自分の町」意識をもつ人々は七六%であったが、「ずっと住みつづけたい」人々は四九%、「できれば住みつづけたい」人々は三二%、両者を合わせれば「住みつづけたい」人々は八一%で、かろうじて「自分の町」意識をもつ人々を上回ることになる。「住みつづけたい」人々の八一%とは、やはり持ち家率八〇%に相当する数字であるから、持ち家層の三二%の人々が「できれば住みつづけたい」と答えていると考えられる。この「できれば住みつづけたい」の「できれば」に込められた意味はなんだろうか。積極的に「ずっと住みつづけたい」人々が、持ち家率が八〇%にまで及んでいるのに対して、四九%にとどまっているのは、なにを意味しているのか。この定住意識に関するアンケートからなにを抽出すべきだろうか。おそらく、この「できれば」という言葉のなかにこそ、郊外社会固有の生活者のゆらめきを覗くことができるような気がする。

「できれば」という言葉はさまざまな意味を孕んでいるように思われる。まずは住宅ローン問題がつきささっている。かつては自分の家をもつことは、そこに永住することを意味していた。それに家とは借金をしてまで建てるという観念はまだ芽生えていなかった。戦前の一九四一年には、東京の持ち家は二五％、借家は七三％であり、借家生活者が多数を占めていた。それが逆転するのは戦後になってからであり、六三年には持ち家六四％、借家二九％、給与住宅七％と完全に逆転した。この戦前と戦後の持ち家率の逆転とは、なにを象徴しているのだろうか。それは東京という都市が戦前においては、定住する場所ではなく、かりそめの場所であり、いずれは故郷へ帰るという意識を内包していたように思われる。しかし戦後においては、帰るべき故郷は失われつつあり、それが持ち家率の上昇として表れ、そしてなによりも高度成長期の大衆の共同幻想として結実していったことを、この逆転は物語っている。その持ち家とは、仏壇といった死者たちの記憶が排除された家であり、テレビ、電気洗濯機、電気冷蔵庫に始まるモノの収蔵と核家族に象徴される戦後的家庭を演出する装置として機能するよう宿命づけられた。高度成長期に都市へと向かった人々は、こうした共同幻想のなかに放り込まれたといっていい。

しかし一九七〇年代以前においては、住宅ローンを組んでマイホームを購入するという発想は、まだ社会的にも個人的にも浸透していなかった。その事実を七一年版の『経済白書』は次のように指摘している。

その取得資金の六割近くまでは個人部門内部での資金調達（親・兄弟・友人からの借入れを含む）となっている。これに次ぐ大きさを示しているのは、民間金融機関からの住宅融資であるが、取得資金の二割にとどまっている。（中略）わが国の住宅融資の条件はきびしく、利用可能な人もおのずから限られている。

そして「わが国の住宅金融は未発達であり、住宅ローンを利用できる人の割合は低」いと結論づけ、住宅金融の発達が遅れた理由として、元来住宅金融の事務コストが割高であることと企業の資金需要が旺盛であり、個人の小口融資にまで資金が回らなかったことをあげている。

ここに日本の戦後社会の住宅問題を垣間見ることができる。「企業の資金需要が旺盛」とは、高度成長という戦後社会の「大きな物語」に資金が全力をもって注ぎこまれたことを示し、住宅問題は「大きな物語」に必要な、日本住宅公団による団地としてしか表出しなかったことを意味している。しかし高度成長の終焉を迎えると、団地は住むことの不可能性を露呈し、個人の「小さな物語」であるマイホームへとたどりつかざるをえない。それが、戦後の東京の持ち家比率が借家の比率を逆転して上回らせた要因であり、郊外を膨張させた要因でもある。

しかし一九七〇年代に入ると、その個人の「小さな物語」であるマイホームが、高度成長といった「大きな物語」のかわりに、消費社会の「大きな物語」として変貌する。オイルショックによって高度成長に終止符をうち、低成長期を迎えた七〇年以後の日本社会は、個人の「小さな物語」を結集することで、「大きな物語」として育成しようとする。その最たるものがマイホーム幻想であったというべきであろう。それは住宅産業の成熟であり、地価の上昇でもあり、田中角栄の「日本列島改造論」であり、また住宅ローン専門の住宅金融会社のあいつぐ設立となって表れる。そして六八年に新しく制定された都市計画法によって、市街化区域と市街化調整区域に分けられるのもこの時代であり、これらの情況を背景としてマイホームの購入は住宅ローン化し、その地域は郊外化していったのである。

我孫子市の七〇年以降の人口増加はこうした時代の情況下にあったといっていいだろう。したがって、「できれば住みつづけたい」の「できれば」のなかには、はたして住宅ローンを払い終えることができるだろうかという不安のゆらめきがひそんでいる。そのことから派生するマイホームが「終《つい》の棲《すみか》」ではないかもしれないという意識、サラリーマンであることに付帯する転勤の可能性、住宅ローンのためにもはや会社に停年まで勤めなければならないという諦念、郊外特有の生活の不便さ、通勤時間の長さ、都市でも地方でもなく、町でも村でもない郊外の曖昧さと浮揚感、なじみのない土地で老いをすごすことに対するためらい、そういった郊外のマイホームの不安定性のすべてが、この「できれば」に込められているのではないだろうか。そしてここに団地とは異なる郊外のマイホームの住むことの不可能性が露出しているように思われるのだ。

この「できれば」層に対して、『首都圏近郊都市の研究』は、「国、県、それに市各レベルからの住宅施策」を促進する必要があると述べているが、なにも言っていないのと同じである。たしかに住民は急激に膨張した郊外社会の商業施設、学校、病院、スポーツ施設、文化施設の不備、不足にいらだっていることは間違いない。ところがそうした住民のいらだちに対して、市が掲げている都市像は、「田園教育文化都市」なるものだ。これはたんにエベネザー・ハワードの「田園都市」に「教育文化」を差し挟んだだけではないか。そしてそのスローガンは「ベッドタウンからライフタウン（生活都市）へ」となっている。そしてこの「ライフタウン」は次の四つの内容をもったものとされる。

＊市民の生活基盤、コミュニティ及び市内産業について、東京や周辺都市から自立した〝自立都市〟であること。
＊単にシビルミニマムが保障されているだけではなく、個性をもった〝個性化都市〟であること。
＊市民がコミュニティ意識、市民意識、郷土意識をもつような〝ふるさと都市〟であること。
＊行政への市民参加がなされる〝市民主体都市〟であること。

自立、個性化、ふるさと、市民主体、なんという空疎な言葉の羅列であることだろうか。しかしこの言葉は、逆に我孫子市という人口急増郊外社会の像を鮮明に描き出していることになる。自立していないということは、都市にくみこまれたベッドタウンであることであり、個性的でないとは、住民が均一的なサラリーマンであり、住居自体も郊外特有の大量生産されたものであるということだ。新住民にとって故郷ではもちろんありえず、本来ならば過半数を占める新住民こそが市民主体の核にならなければならないのが、かつての村や町の遺制をひきずった体質によって行政が運営されていることを、この空疎な言葉の羅列は暗示しているかのようだ。

おそらく市は急速に進行した郊外化と混住化にとまどっているのだ。「田園教育文化都市」とは、「田園」と「都市」の間に、「教育文化」を介入させて、両者を強引に結びつけようとすることを意味している。しかし、郊外社会はもはや「田園」でも、まして「都市」でもない。「教育文化」も混住を前提として成立した社会だ。したがって、混住社会の原則とは、時間をかけて古きを開き、新しきを受け入れていき、ゆるやかに社会の枠組みを修正しながら、混住から融合へと向かわざるをえない。上からのスローガンによってなにかが始まるという地方自治体の幻想が、郊外社会が成立した七〇年代以後崩壊したのは、もはや明白なことだ。しかし我孫子市はそれを直視していないようにみえるし、おそらくそれは他の郊外社会でも共通の現象を示していたと思われる。

さて、これまで『首郡圏近郊都市の研究』によって郊外社会のモデルケースとしての我孫子市をみてきたが、ここからどのような郊外社会の特徴と性格を引き出すことができるだろうか。以下それを要約してみる。

＊東京から三十〜四十キロ圏に位置する。
＊もともとは農業地帯である。
＊都市計画法によって、市街化区域と市街化調整区域に分かれ、市街化区域の開発が進んでいる。
＊一九七〇年以後、団地建設等によって急速に人口増加。
＊新しい鉄道の開通と乗り入れ。
＊人口流入によって旧住民は少数派となり、新住民が過半数を占める。
＊若年人口率が非常に高く、老人が少ない。小中学生のいる核家族の増加を示す。
＊流入人口は都心に通うサラリーマンが多く、ベッドタウンである。
＊持ち家率が高いためマイホームはローン住宅が大半であると推定される。
＊流入人口によって産業構造が変わり、第三次産業就業者が六割を占める。したがって第一次産業から第三次産業の社会に変化している。第二次産業は横ばいか減少。
＊急速な人口増加にともなう、商業施設、学校、病院、スポーツ文化施設等の不足、不備がある。
＊持ち家率が高いわりには定住意識にゆらめきがみられる。
＊商業立地は駅前商店街を中心としているが、飲食店、小売店の増加にもかかわらず、住民の需要を満たしていない。

＊急速な混住社会化に対して、自治体はそのイメージを確立することができず、かつての遺制から脱却できていない。
＊公共施設設備状況でとくに目立つのが、道路の舗装化の速さである。七一年に一七％だったものが七九年には七二％に急上昇している。郊外化とともに自動車社会となったことの表れか。

これらが我孫子市から抽出した郊外社会の特性であるが、おそらくこの特性は郊外社会大半に適用できる概念であり、七〇年代に成立した郊外社会、混住社会のイメージ像と判断してよいと思われる。

しかし、これらの概念のなかには消費社会としての郊外は浮かびあがってこない。消費社会としての郊外もまた一九七〇年以後その姿を現し始め、確実に郊外社会をとりかこんでいく。

そしてそれは、ロードサイドビジネスの出現によって始まった。

# 第2章　ロードサイドビジネスのある風景

実は昨夜、つい道路一本向こう側に来春オープンするデニーズさんの営業の方と席を同じくしていたのですが、最近の統計によりますと、アメリカの外食比率は二食に一回に近づき、日本のそれは三食に一回に近づいているそうであります、そして日本の外食市場の需要そのものの大きさは十兆円から十五兆円あるといわれ、二十兆円台にのることも予測されていますす、このマーケットの巨大化は経済が豊かになればなるほど進むとみられております、豊かな生活を求める気持ちと、女性が社会に……

（村上龍『テニスボーイの憂鬱』）

郊外に移動していったのは人口ばかりではない。郊外に誕生した消費者を対象とした新しいビジネスが郊外にやってきた。その名はロードサイドビジネス。郊外社会の商業立地か駅前を中心としていて、急増した新住民の需要が満たされていないのは、我孫子市を例にみたばかりだ。ロードサイドビジネスは商店街ではなく、郊外の主要幹線道路沿いの田や畑のなかに突然やってきた。

そして一九八〇年代に入って、日本の道路沿い《ロードサイド》の風景は、ロードサイドビジネスの店舗によって占領され、現在では北海道から沖縄にいたるまで、全国どこでも同じ風景に覆われてしまい、日本の戦後社会のはるか昔から存在していたかのような錯覚を与える。

たとえば、それは次のような風景だ。たまたま読んでいた、東京圏の郊外とでもいえる茨城県と国道50号線を舞台にしたミステリーの一節。偶然のことながら、このミステリーも郊外社会と混住社会をそのテーマとしている。

> 生い立ちが商売のための道なら、時代が下った今も同様の性格を背負っているのかもしれない。すれ違う車はトラックやライトバンなどの商用車が目立ち、道路沿いには原色の看板が日めくりカレンダーのように現れる。中古車販売、ラーメン屋、ファミリー・レストラン、ガソリンスタンド、ＤＩＹの店、不動産販売、ひときわ目立つのが、博覧会のモニュメントみたいなパチンコ屋の看板。そんな中を、平坦な道路が続く。北関東の典型的な風景。
> （本岡類『窒息地帯』、傍点引用者）

こうした風景は、「北関東」だけの「典型的な風景」ではない。全国いたるところの「道路沿い《ロードサイド》」にみられる一九八〇年代以後の日本の「郊外の典型的な風景」なのだ。

こうした風景は一九八〇年代後半から、小説の背景や舞台としておびただしく描かれるようになり、意識して読めば、かならずこうした風景の出現に立ち会うことができる。それはまた小説のなかだけではない。さまざまなジャンルの記述のなかにもこうした風景が否応なくはめこまれている。

たとえば、松山巖の『肌寒き島国――「近代日本の夢を描く」』からそうした風景をとりだしてみよう。松山巖はかつての繁栄を極めた全国各地の第一次産業（炭鉱、漁業、林業）、第二次産業（繊維、鉄鋼、町工場、製糖）の現場を訪ね歩き、その「肌寒き」没落を報告する。そして沖縄で次のような風景に遭遇する。

> 陽射しは朝からきつい。その激しい陽をうけて本島南部を見て廻った。道路沿いにファミリーレストラン、パチンコ店、ビデオショップが並んでいる。桐生でも八幡でも向島でも同じような風景を眺めたと思った。日本各地の風景がこれほど均一になったのはいつからだろう。そのどこにでもある風景の間に、時おり、棄てられた空き地のようにキビ畑が見える。車を降り、花輪がずらりと並んだパチンコ店の裏に廻るとすぐにキビ畑が広がっていた。やはりまばらな感じである。明らかに手入れがなされていない放棄畑が点在している。団地やゴルフ練習場を蚕食するように並んでいる。この風景も随分見た気がした。（傍点引用者）

松山巖はこの著書のなかで、日本各地の没落した第一、二次産業の現場――奔別炭鉱の廃坑、花咲港に並んだ真新しい廃船、養蚕農家の埃の積もった蚕室、八幡製鉄所の☒びた高炉、皆伐されたササだらけの木曾谷の森、向島のさびれた町工場、荒廃したキビ畑――の没落を愛惜の眼差してみた。一方で、それらの没落のかわりに出現した「道路沿い」の第三次産業の「同じような風景」を憎んでいるようにみえる。そして、大量消費社会の出現によって衰退していった第一、二次産業の現場について、松山巖は「これを日本の驚異的発展と見るか、それとも現場潰しと見るかで意見が分かれるだろうが、私は後者の立場から現場を見たい」と結んでいる。だが残念ながら、これらの現場に過去の神話と歴史はあっても現在はない。現在の神話と物語とはもはやこれらの現場にあるのではなく、「道路沿い」の「同じような風景」、「これほど均一」な「日本各地の風景」のなかにひそんでいるのではないだろうか。

そしてまた本岡類や松山巖によって描かれた「北関東の典型的な風景」、あるいは「道路沿い」の「同じような風景」とは、歩行者の視線や電車の窓から捉えられたものではない。これらはことごとく自動車の窓を通じて発見された風景にほかならない。自動車での移動によってのみ捉えられる、一九七〇年代以降に誕生した風景なのだ。それは自動車社会の視線によって造型された風景であるともいえる。

「道路沿い」の「同じような風景」、「これほど均一」な「日本各地の風景」こそは、郊外社会の成立とともに、郊外にやってきたロードサイドビジネスによって誕生した消費社会の風景であり、自動車に乗った郊外の消費者たちによって発見された郊外の消費地帯なのである。

ロードサイドビジネスとは、別名「郊外型商業店舗（施設）」ともいい、それぞれの業界内では「郊外店」あるいは「ロードサイドショップ」「ロードサイドストア」とよばれている。また用語事典などでは「ロードサイドリテール」という言葉で定義されることもある。そしてそれらは消費者の眼からみれば、郊外の主要幹線道路沿いにある大型駐車場を備えた商業店舗、ということになる。本岡類によって描写された北関東の風景、松山巖が全国各地で目撃した風景とは、このロードサイドビジネスの林立する郊外の風景であった。

一九七〇年代に始まったロードサイドビジネスの風景の増殖化は、八〇年代になって全国的なものとなった。そしてその成長力と売上規模は流通業界でも無視できない勢力となり、年度版の流通業界白書ともいうべき『流通経済の手引88年版』（日経流通新聞編）で、「新風ロードサイド商店街」と称して、その風景がようやく認知され始めた。そのいくつかを紹介してみよう。

「新青梅街道の社内での呼び名は〝ルンルン通り〟。さまざまなロードサイドビジネスが集中し、休日には若者やニューファミリーの車で埋め尽くされるからです」と話すのは、チヨダ靴店の石川演美常務。東大和付近の約三キロメートルの区間には、同社が展開する「東京靴流通センター」をはじめ、レストラン十一店、スポーツ用品店、紳士服店、家電店、ホームセンターなどが立地している。

新青梅街道がロードサイドビジネスの集積地になったのは、都心と武蔵村山市、小平市などの住宅地を結ぶ重要な道路だからだ。「既存の商業集積が周辺に少ないことも、大きな要因」と関係者はみている。（中略）

関越自動車道鶴ケ島インターを坂戸市方面に下りた埼玉県入間郡鶴ケ島町脚折地区には、わずか九百メートルの間にさまざまなロードサイド店五十数店が立ち並び、〝ロードサイドショップ銀座〟の異名をとる商業集積地だ。

ガソリンスタンドとカーディラー、カー用品、各種レストランをはじめ、紳士服、靴、書籍、パチンコ店、ホームセンター、めがね、おもちゃなどがあり、さまざまな種類の店でにぎわう。（中略）

名古屋市守山区の尾張旭市との境界、国道三六三号線の四軒家地区は、各社が新しいタイプの店づくりを競い合う業界注目の場所だ。

四軒家地区の名古屋寄りの端では、酒店「リカーバン」、ビデオ、レコードのレンタル店など四店が、前面に駐車場を構えた棟続きの複合店舗づくりに挑戦。紳士服の青山商事（本社広島県府中市）、トリイ（名古屋市）なども白く塗ったアーリーアメリカン調のしゃれた店を出しているが、最近、ユニーが一〇〇％出資で設立した紳士服の「アルモ」（名古屋市）一号店も凝った外観で登場した。

都市の郊外と主要幹線道路沿い、これがロードサイドビジネスのある風景だ。松山巖が全国各地で目撃したのはこの風景なのだ。だが、松山巖がいうように「日本各地の風景がこれほど均一になったのはいつからだろう」か。じつはこのロードサイドビジネスの林立する風景は、まだわずか二十年ほどの歴史をもつにすぎない。

一九六〇年代にロードサイドビジネスの萌芽として、ガソリンスタンド、ドライヴイン、モーテルなどが存在していたが、それらはロードサイドにあっただけで、ビジネスという企業体にはいたっていなかった。それは六〇年代にあっては、郊外社会がまだ未成熟であったし、ロードがビジネスの場ではなかったことを意味している。ビジネスはまだ街路《ストリート》で展開されていた。すなわち歩行者たちが主たる消費者であった時代だった。だが七〇年代以後、ビジネスがストリートからロードへスプロール化していき、ビジネスもまた郊外化したのである。

ロードサイドビジネスは、ファミリーレストランを先駆けとして一九七〇年代に誕生し、八〇年代を成長期とし、九〇年代に入って成熟期を迎えた、とその歴史をたどることができる。そして八〇年代の成長期にありとあらゆる業種がビジネスの郊外化を図ったため、現在ではロードサイドビジネスの業種は多岐に及んでいる。おもなものを列挙してみる。

紳士服、婦人服、カジュアル衣料、新・中古車、カー用品、家電、スポーツ用品、釣具、玩具、靴、雑誌・書籍、薬用品といった物販業、ファミリーレストラン、ファーストフードといった飲食業、ビデオ・CDレンタル、パチンコ、ゲームセンター、カラオケボックス、冠婚葬祭センターといったサービス業、これらのほかにコンビニエンスストア、ホームセンター、郊外型ショッピングセンター、郊外型スーパーを加えることができる。ここでは、これらの一九七〇年代以後出現した郊外型商業店舗を総称してロードサイドビジネスとよぶことになる。

これらの多岐にわたるロードサイドビジネスは、その発展形態においてチェーンストア（標準化された店舗を十一店以上所有する企業）を志向する。したがって連鎖的に出店し、ナショナルチェーン（全国チェーン）化、ドミナントチェーン（地方チェーン）化していくことを必然的な宿命としている。またそうすることによって、大量仕入・大量販売・大量消費を可能とするローコスト運営の店舗の組織作りを行うのである。

そのためにはまずこれらのロードサイドビジネス店舗の建築様式は、業種の違いはあっても、どれもがＣＩ（コーポレート・アイデンティティ）によって規格化される。そのために全国いたるところで同様の建物として出現することになる。もちろん建物ばかりでなく、看板、ロゴ、配色、照明、植栽、チラシなども統一されている。この事実はロードサイドビジネスが一九七〇年代以降、規格化された同様の建物を郊外の風景のなかに大量供給したことを示している。それゆえにこそ、ロードサイドビジネスが全国へと増殖していった八〇年代には、どこへいっても同じ風景をみるようになったのだ。ロードサイドビジネスの出現は、全国の郊外の風景の均一化を推進する装置のように機能した。またそれ以前の郊外には、日本住宅公団によって大量生産された団地や住宅産業によって大量生産された規格住宅が存在していたのであるから、ロードサイドビジネスの出現によって郊外の均一化は住居ばかりでなく、消費生活も均一化され始めたことを意味している。

しかしこれらのロードサイドビジネスの登場は、郊外の消費者たちに大いに歓迎されたのである。郊外社会のモデルケースとして扱った我孫子市のさまざまな情況を思い出してほしい。四十歳以下の人口が過半数を占める若年人口構成で、急増した人口の需要を満たしていない商店街、それでいて自動車の保有率の高さを示す道路の舗装化の急速な進行。そうした郊外へロードサイドビジネスはやってきたのだ。そして郊外社会の商業集積も、駅前商店街とロードサイドの混住化したものとなる。

さてそれならば、ロードサイドビジネスの成長とその市場規模はどのようなものだったのか。多岐にわたるロードサイドビジネスのひとつひとつの業種のなかに、上場企業から中小企業、ナショナルチェーンからローカルチェーンまであり、入り乱れて出店しているため、ロードサイドビジネスの全体像を把握することは、新陳代謝の激しいこともあって不可能だが、ここにロードサイドビジネスのなかで専門店といわれる物販の大手八社の一九八〇年代から九〇年代にかけてのデータがあるので、それをあげてみよう。この大手八社の数字から八〇年代におけるこれら以外のロードサイドビジネスの成長ぶりを類推することができよう。

物販大手八社とは、

＊カー用品――オートバックスセブン
＊紳士服――青山商事、アオキインターナショナル、フタタ、トリイ
＊婦人服――しまむら

＊靴・玩具――チヨダ、靴のマルトミ

である。これらの店舗は日本人のだれもが一九八〇年代に目撃しているはずだ。これら八社の店舗数と売上高の一九八二年から九二年にかけての推移は【図表13】のようになっている。

図表13　ロードサイドビジネス物販大手８社の店舗数と売上高の推移

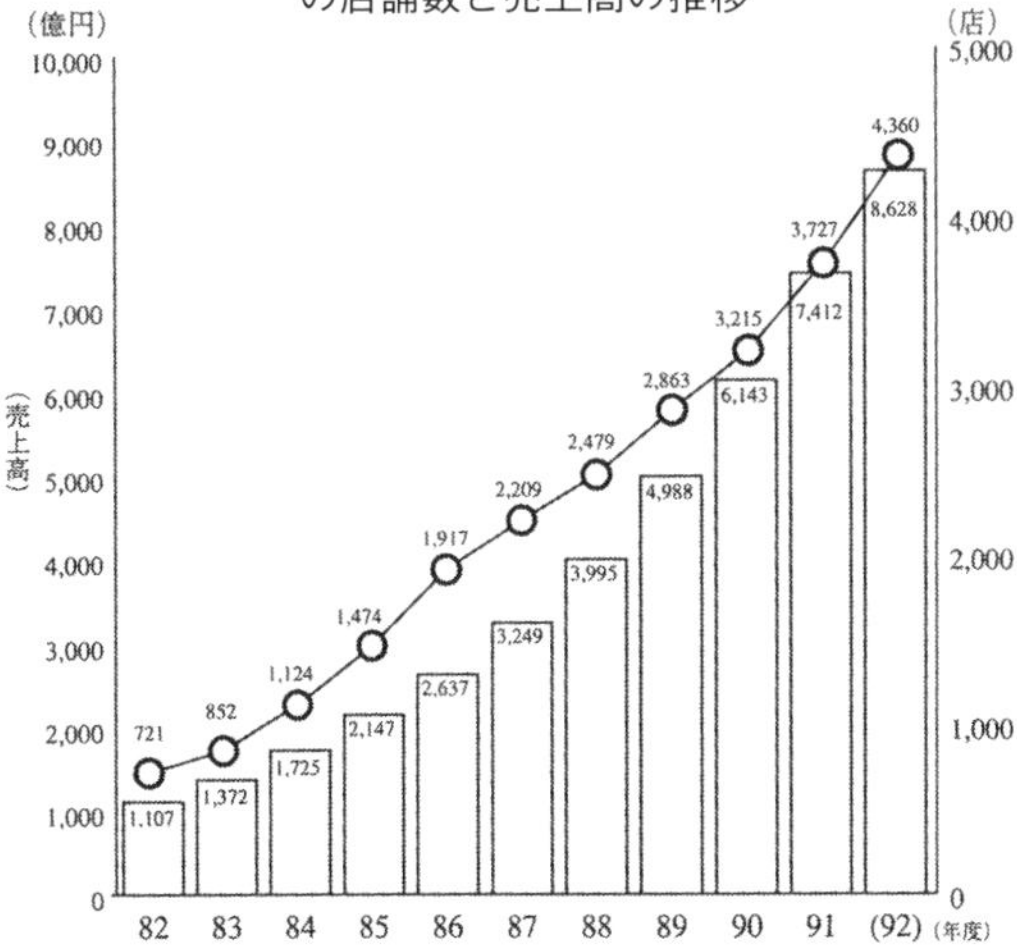


棒グラフが売上高、折れ線グラフが店舗数。
出典；平山光『ロードサイドショップ開発賃貸借の実務』

図表からわかるように、ロードサイドビジネス業種のうちのカー用品、紳士服、婦人服、靴・玩具といった物販八社だけで、一九八二年には七百二十一店、売上高約千百億円だったのが、九二年には四千三百六十店、売上高約八千六百億円となっている。つまり十年間で店舗数は約六倍、売上高は約八倍ということになる。

そしてさらにロードサイドビジネスの業種を拡げ、ロードサイドビジネス上位二十社の一九九五年の売上高と店舗数を示したものが【図表14】である。

上位二十社まで拡大すると、一九九五年

図表14　郊外ロードサイド型専門店企業上位20社

| 企業名 | 業種 | 95年売上高 | 店舗数 |
|---|---|---|---|
| 1　コジマ | 家電 | 2,264億円 | 165店 |
| 2　オートバックスセブン | カー用品 | 1,955 | 411 |
| 3　チヨダ | 靴、他 | 1,938 | 1,636 |
| 4　靴のマルトミ | 靴、他 | 1,717 | 1,799 |
| 5　青山商事 | 紳士服 | 1,664 | 618 |
| 6　しまむら | 婦人衣料 | 1,286 | 368 |
| 7　マツモトキヨシ | ドラッグストア | 1,120 | 232 |
| 8　イエローハット | カー用品 | 974 | 353 |
| 9　ヴィクトリア | スポーツ用品 | 824 | 166 |
| 10　アオキインターナショナル | 紳士服 | 805 | 239 |
| 11　カトーデンキ販売 | 家電 | 741 | 145 |
| 12　ゼビオ | スポーツ用品、他 | 705 | 184 |
| 13　上州屋 | 釣り具 | 553 | 232 |
| 14　コナカ | 紳士服 | 489 | 238 |
| 15　ファーストリテイリング | カジュアル衣料 | 487 | 176 |
| 16　はるやま商事 | 紳士服 | 450 | 204 |
| 17　オリンピックスポーツ | スポーツ用品 | 353 | 92 |
| 18　マックハウス | ジーンズカジュアル | 344 | 296 |
| 19　やまや | 酒ＤＳ | 272 | 142 |
| 20　サリ | 酒ＤＳ | 257 | 61 |
| 合計 | | 19,198億円 | 7,757店 |

出典；総合ユニコム編『ロードサイド型新業態店実態調査資料集』

には約八千店、売上高は約二兆円となっている。この数字から類推すれば、ロードサイドビジネス企業種の市場規模がとてつもなく大きなものとなっていることがわかる。

【図表13・14】の数字はロードサイドビジネスの急成長とその市場規模の大きさを如実に物語っている。そしてこれらのロードサイドビジネスの店舗とは一九七〇年以前にはまったく存在していなかったものであり、会社自体も創立されていな

図表15　すかいらーくの総店舗数・年間出店舗数

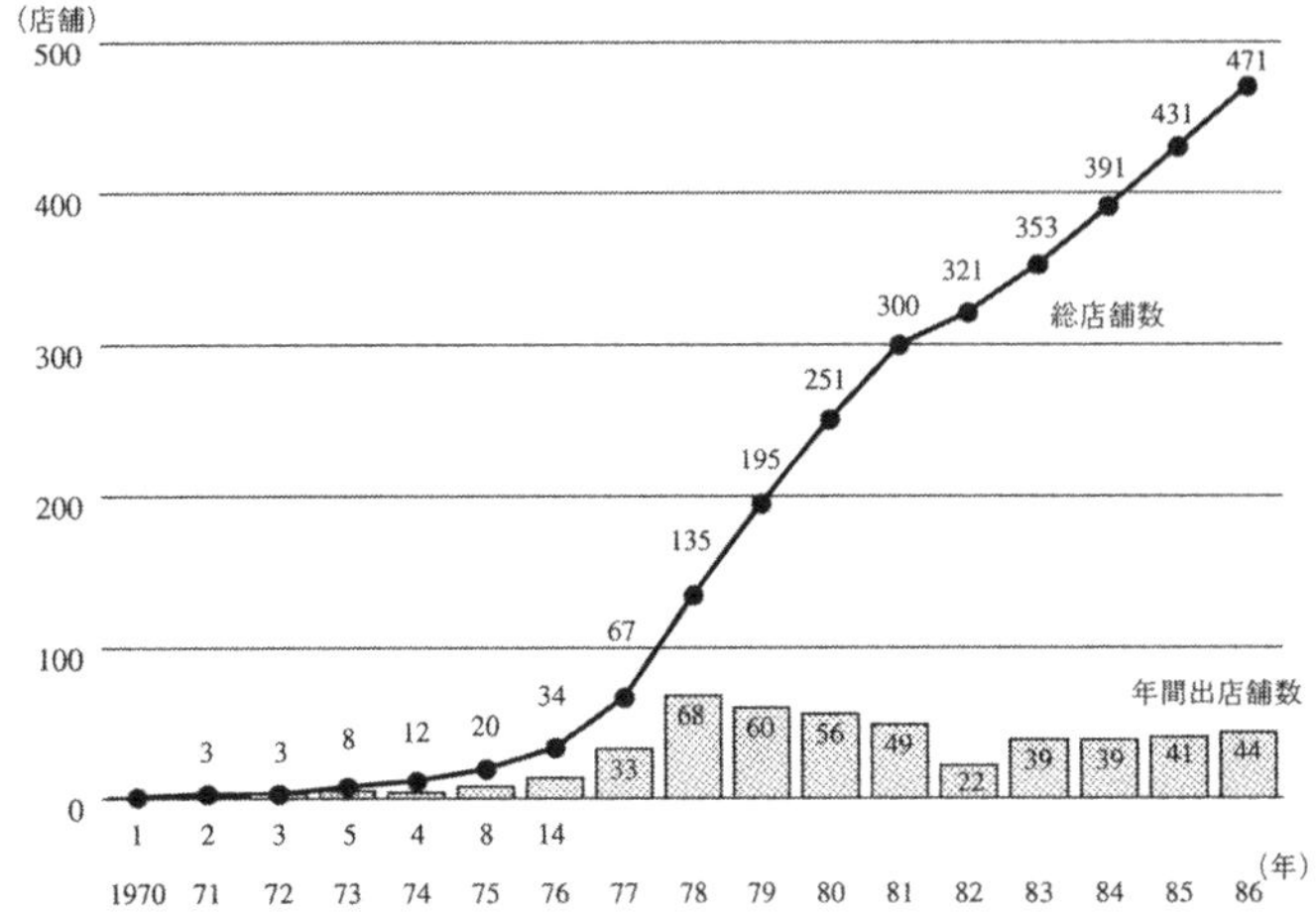


出典；『いらっしゃいませ　すかいらーく25年のあゆみ』

かったものもある。

　これらのふたつの図表に登場しているのは物販だけなので、サービス業としてのファミリーレストランはどうであったかをみてみる。ロードサイドビジネスの先駆けであったファミリーレストランすかいらーくの店舗数と売上高の推移は上のようである【図表15・16】。

　すかいらーくの成長率も恐るべきものだ。ゼロに等しい一軒の零細なレストランから始まったすかいらーくが、わずか十六年で店舗数四百七十一、売上高九百十二億円という外食産業へと発展していく過程がこのふたつの図表から浮かびあがってくる。そしてすかいらーくだけでなく、他のファミリーレストラン、ロイヤルやデニーズも同じ軌跡を描いたのである。

　次に、最初は都心部から始まり、自動車社会の進行につれて徐々にロードサイドビジネス化

図表16　すかいらーくの売上高・経常利益の推移

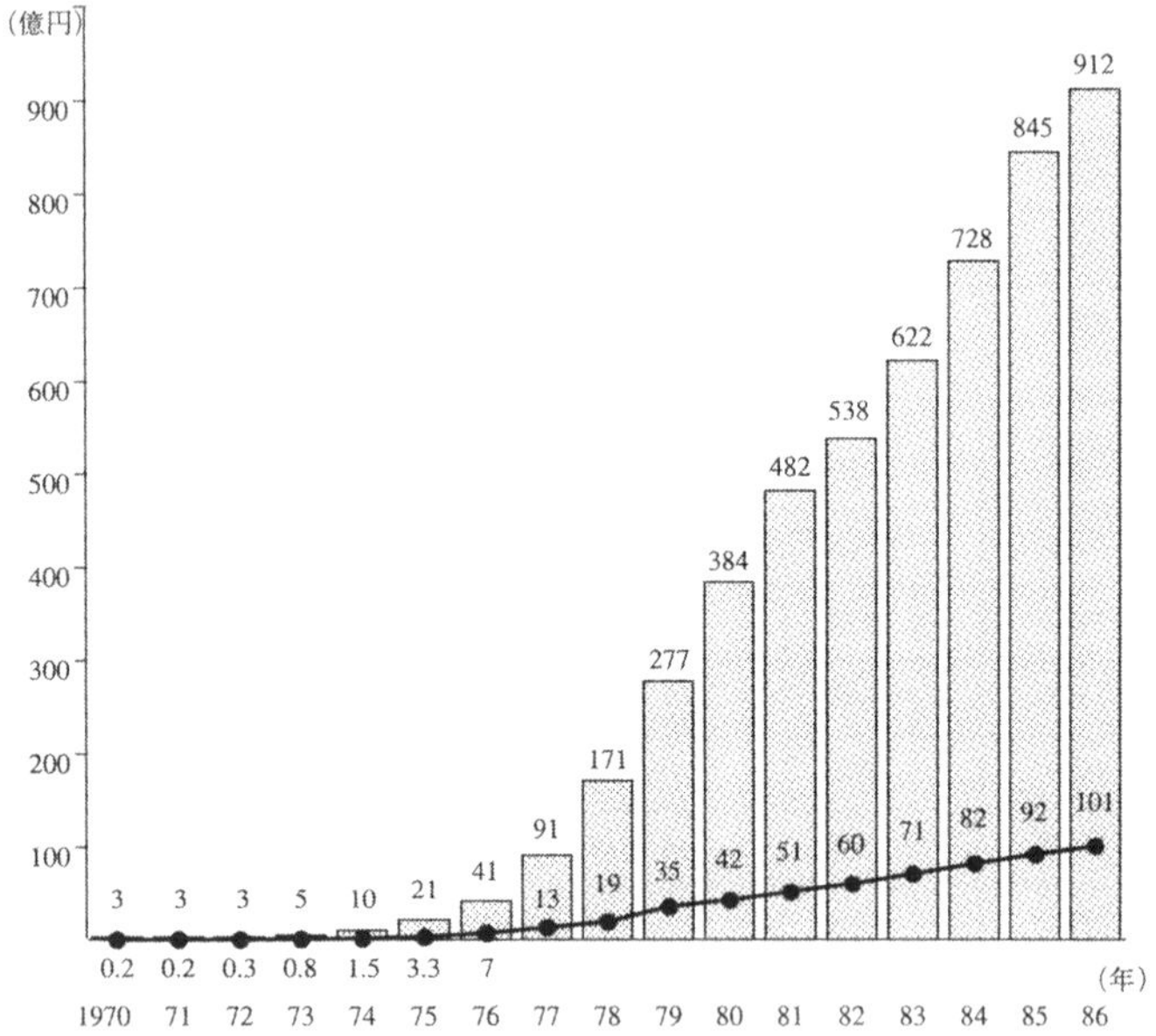


棒グラフは売上高、折れ線グラフは経常利益。
出典；『いらっしゃいませ　すかいらーく25年のあゆみ』

していった、ファーストフードのマクドナルドとコンビニエンスストアのセブン‐イレブンの場合はどうであっただろうか。

マクドナルドに関しては、店舗数、来店客数、ハンバーガー売上個数の推移の図表を引用してみる【図表17】。

年を追うたびに膨張していく数字にめまいを覚えてしまうほどだ。マクドナルドもすかいらーくと同様ゼロから始まって、二十年後には、来店客数が日本の全人口の約二倍の二億三千万人、そして国民一人あたりが一年に約四個ものマクドナルドのハンバーガーを食べる計算になる、四億二千万の売上

図表17　マクドナルドの年度別店舗数・来店客数・ハンバーガー売上個数の推移

| 年度 | 店舗数 | 来店客数 | ハンバーガー売上個数 |
|---|---|---|---|
| 1971 | 5 | 871,877人 | 1,281,250個 |
| 1972 | 19 | 6,626,269 | 9,650,000 |
| 1973 | 39 | 13,601,289 | 18,990,000 |
| 1974 | 59 | 20,901,000 | 28,325,000 |
| 1975 | 79 | 26,696,000 | 34,503,000 |
| 1976 | 105 | 35,553,372 | 50,397,000 |
| 1977 | 127 | 49,338,471 | 75,027,000 |
| 1978 | 162 | 62,559,302 | 105,697,000 |
| 1979 | 213 | 77,468,863 | 134,640,000 |
| 1980 | 265 | 88,182,069 | 147,297,000 |
| 1981 | 303 | 104,840,646 | 167,864,000 |
| 1982 | 347 | 120,811,596 | 195,258,000 |
| 1983 | 396 | 139,341,707 | 211,637,500 |
| 1984 | 457 | 164,077,382 | 269,920,000 |
| 1985 | 534 | 179,434,641 | 297,070,000 |
| 1986 | 575 | 202,137,785 | 310,507,000 |
| 1987 | 606 | 217,024,131 | 341,898,000 |
| 1988 | 655 | 224,611,045 | 364,200,000 |
| 1989 | 706 | 235,250,563 | 387,381,000 |
| 1990 | 778 | 230,453,123 | 417,798,500 |

出典；『日本マクドナルド20年のあゆみ』

図表18　セブン‐イレブンの年度別売上高・店舗数の推移（チェーン全店）

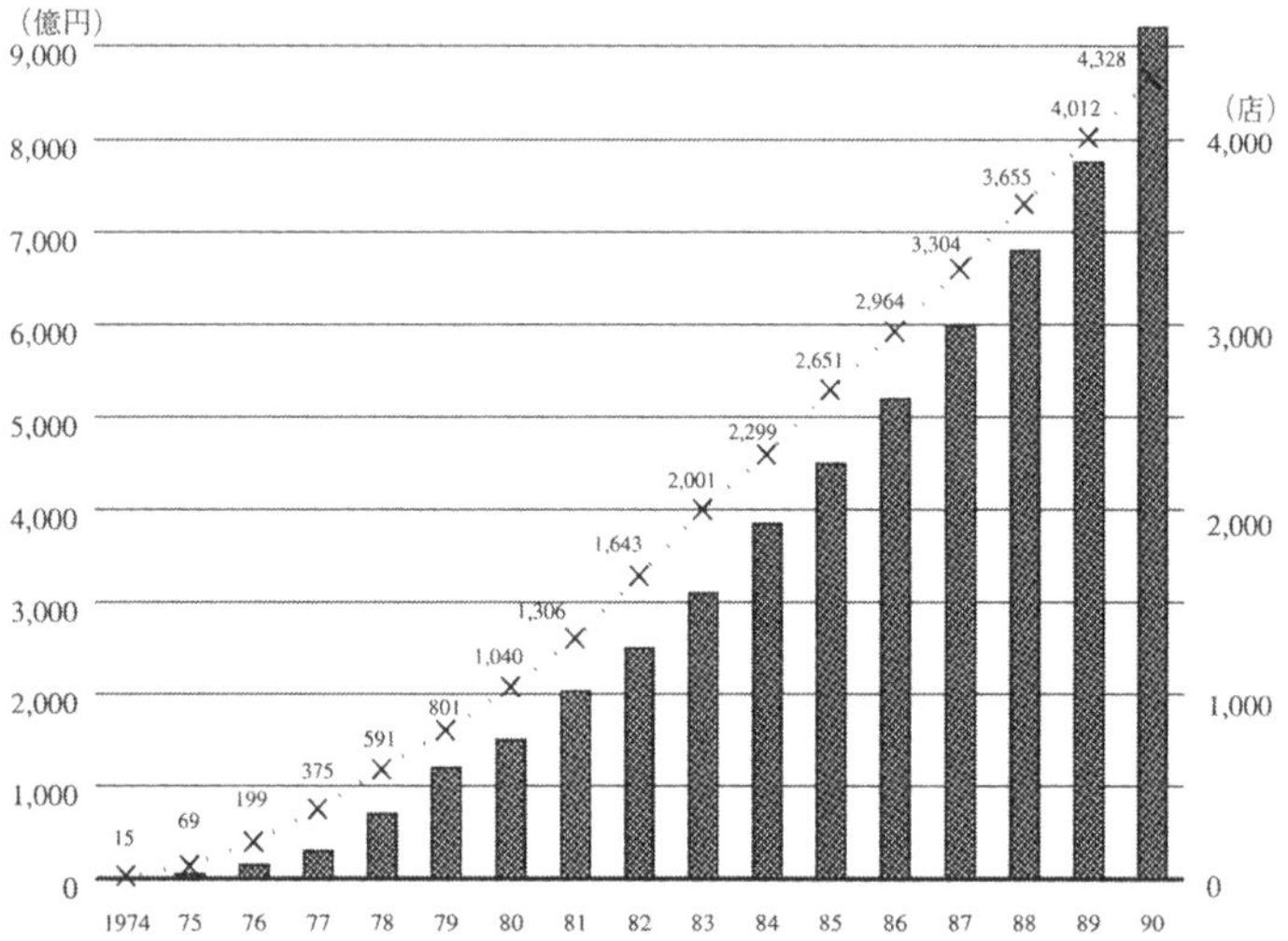


棒グラフは売上高、折れ線グラフは店舗数。
出典；『セブン‐イレブン・ジャパン　終わりなきイノベーション　1973―1991』

個数に達した。たんなるハンバーガーが、ファーストフード産業へと変貌したことをこの図表は示している。

コンビニエンスストアのセブン‐イレブンもまた、すかいらーくやマクドナルドと同様の成長をとげている【図表18】。

これまでみてきたように、ロードサイドビジネス大手八社や上位二十社、そしてファミリーレストランのすかいらーくやファーストフードのマクドナルドやコンビニエンスストアのセブン‐イレブンの一九七〇年代における誕生とその急成長は、なにを告げているのだろうか。それは郊外社会の成立を背景にしたロードサイドビジネスの出現によって、七〇年以後の日本社会の生活様式――特に食生活、消費行動――がドラスチックに変貌

図表19　百貨店・スーパーの店舗数の推移

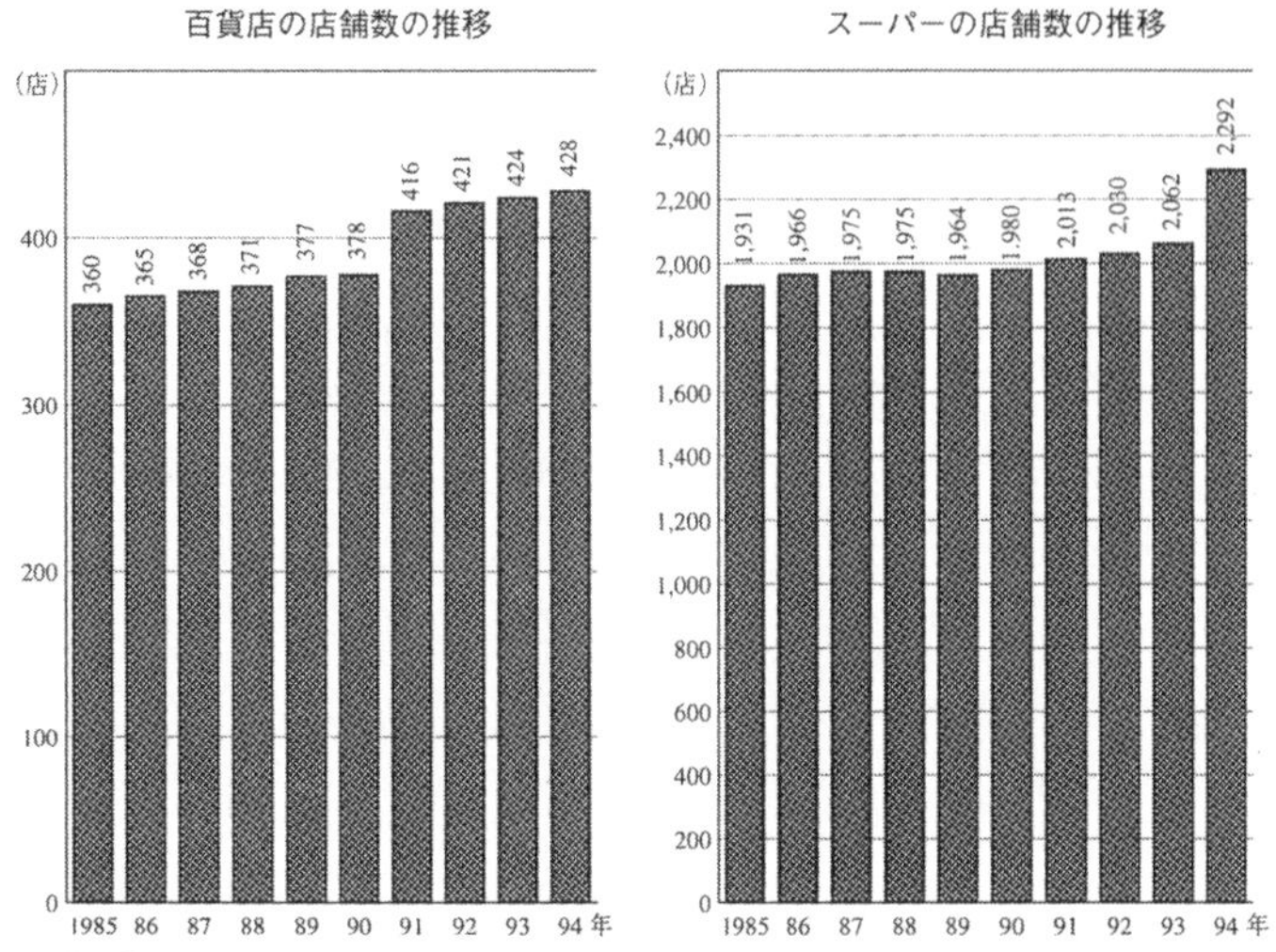


出典；「転機に立つ百貨店」（「中日新聞」 96.2.11）

してしまったという事実だ。そしてロードサイドビジネスの店舗数と売上高の急増は、郊外人口の増加のカーブと重なりあっているように思える。

　このようなロードサイドビジネスの急成長に比較して、高度成長期の消費の主役であったデパートやスーパーはどうであったのか。デパートは一九九一年の約十三兆円の売り上げをピークとして下降を続けている。九五年におけるデパートの売り上げの首位を占める三越の金額が約七千七百億円であるから、すでに九二年の時点で、ロードサイドビジネス大手八社のほうが三越の売り上げを上回っていることになる。ちなみにデパートの売り上げは八〇年に約六兆五千億円、九五年には約十兆八千億円であり、その伸びは二倍にもなっていない。

そしてまたロードサイドビジネス上位二十社の九五年の売り上げ約二兆円は、小売業の首位を占めるスーパーのダイエーの売り上げに匹敵するものとなっている。

このように比較していると、いかにロードサイドビジネスが、一九八〇年代に店舗数と売上高を急上昇させたかがよくわかる。それはまたデパートとスーパーの店舗数の推移を確認すれば歴然となる【図表19】。

都市の中心や駅前の商店街に位置するデパートやスーパーの店舗数は、一九八〇年代においてほぼ横ばいの状態であり、ロードサイドビジネスの旺盛な店舗展開と対照的なものとなっている。このことは、デパートやスーパーが都心や駅前で緩慢に成長するのを背景として、消費空間が八〇年代において急激にスプロール化・郊外化していき、郊外のロードサイドが消費社会に移行していったことを示している。

こうしたデパートやスーパーとロードサイドビジネスの一九八〇年代における明暗に対して、『流通現代史』（日経流通新聞編著）は次のように述べている。

この背景には、第二次石油危機後の低成長に加え、昭和五十四年からの大店法の規制強化がある。大店法規制のなかで、大手スーパーの出店が鈍る半面、専門店は規制の売り場面積を下回るかたちで出店を拡大したのだ。一九八〇年代後半からは、各専門分野で大手スーパーよりも深い、豊富な品ぞろえを持ち、売り場面積も大きいカテゴリーキラーと呼ばれる専門大店が急成長、品ぞろえと低価格で大手スーパーのシェアを奪った。特に、住宅地の郊外への広がりとクルマ社会の進展に対応し、郊外ロードサイドの地価の安い立地に、低い建設コストで出店するロードサイド型専門店チェーンの伸びが著しく、紳士服、家電、靴、ホームセンター、ドラッグストアなどの進出が目立つ。大店法によってライバルの出店を免れ、やや現状に安住していたGMS〔総合スーパー――引用者〕に対して、専門店チェーンが果敢に挑戦した側面も大きい。それは、かつてGMSが百貨店に攻勢をかけたのに似ている。

一九八〇年代はこのほか、中小商店が加盟するフランチャイズチェーン方式のコンビニエンスストア・チェーンや郊外ロードサイドに出店したファミリーレストラン、ファーストフード店の伸長も目立った。

この記述は、一九八〇年代がまぎれもなくロードサイドビジネスの時代であったことをあらためて確信させる。八〇年代とは、ロードサイドビジネスがデパートやスーパーに郊外から「攻勢をかけた」時代だったのだ。

そしてまたこの一九八〇年代のロードサイドビジネスの成長を描くコンパクトな記述のなかに、重要なことがふたつ埋めこまれている。それは、大店法とフランチャイズチェーンである。

大店法とは、正式には大規模小売店舗法のことで、一九七三年に制定され、七九年から規制強化された法律である。これは簡単にいえば、出店に関する許認可制である。大店法によると小売店舗は第一種と第二種に区別される。第一種大規模小売店舗は、店舗面積が千五百平方メートル以上のもので、通産大臣が調整する。第二種は、店舗面積が五百平方メートル以上で、都道府県知事が調整にあたる、とされる。しかし実際には、調整は地元の商業活動調整協議会の意見によることが多いため、大型店の出店には相当の年月とさまざまな調整が必要となる。この大店法はスーパーの出店攻勢に危機を感じていた町の中小の商店を保護するために打ち出された政策であったが、皮肉なことに、施行後の八二年から町の中小商店の数は減少の一途をたどり、ちょうど六一年の農業基本法の成立が村の農業を解体させる方向に向かった——つまり、国家が保護策をとることによって、農業の自立性が失われ衰退した——のと同様、大店法が町の商業を衰退させる要因となったのである。そして大店法によって出店規制下にあるスーパーと既存の町の商店街のすきまをぬって、ロードサイドビジネスはすみやかに出店できる五百平方メートルを下回る売場面積の店舗を郊外に求めることで急成長したということになる。その結果、駐車場機能をもたない従来の商店街はさらに圧迫されることになった。

フランチャイズチェーンとは、コンビニエンスストアに代表されるように、特定の商品またはサービスの販売権か、その販売に関するノウハウとともにフランチャイズの本部から提供されるしくみで、まったくの素人《しろうと》であっても、一定の研修期間を終えれば店舗経営ができるシステムの店舗網を意味している。本部は加盟店から一定の料金を徴収して、直営店と同様の経営指導、販売援助を与える、とするものである。このフランチャイズシステムが意味しているものはなんだ

図表20　郊外型ショッピングセンター数の推移

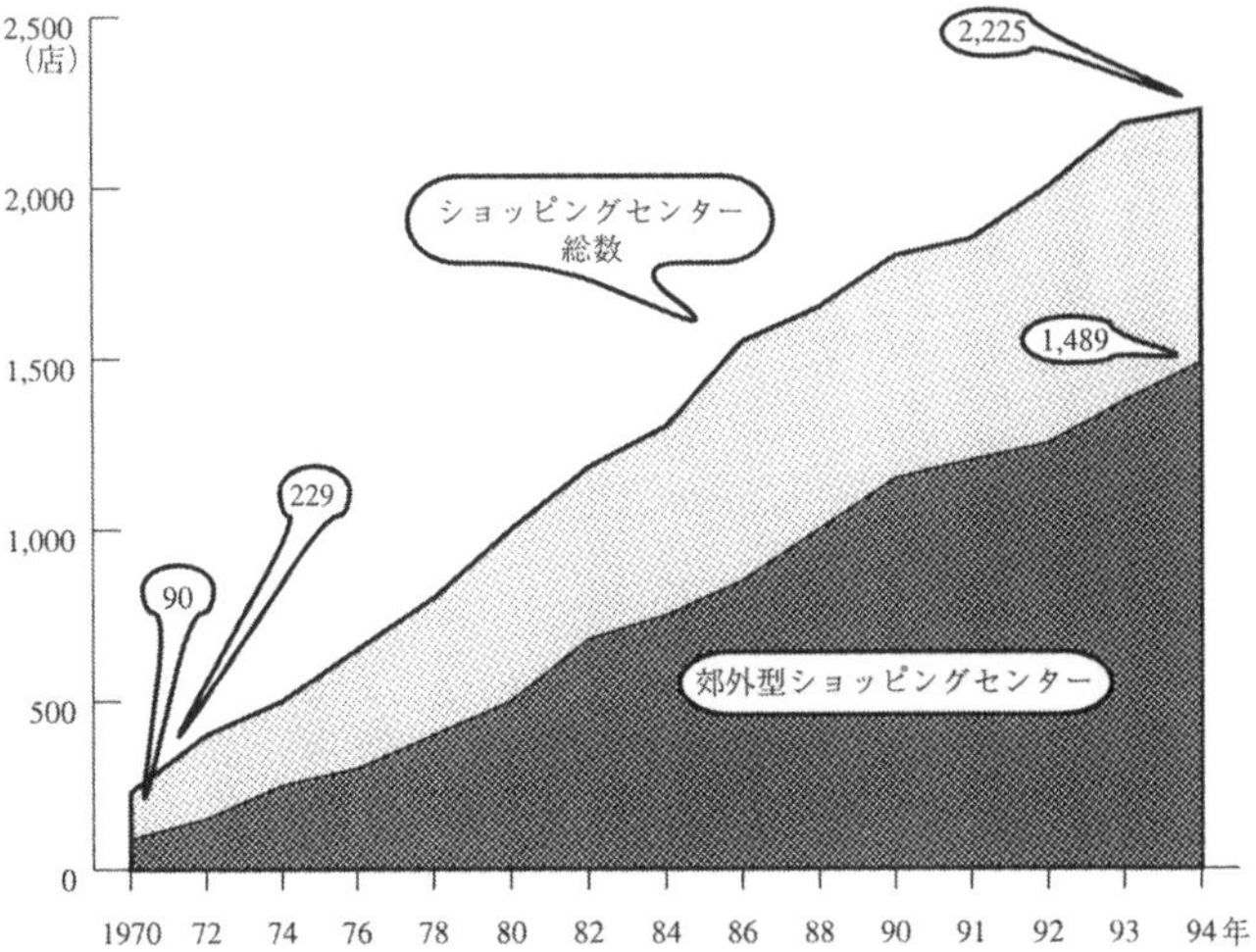


出典；「普及する自動車」(「中日新聞」95.11.19)

ろうか。それは、商店を営むということ自体が個人の営みでは不可能な時代に入ったことの現れではないだろうか。フランチャイズシステムのなかでの商店、それは商業のサラリーマン化であると同時に、商業の自立は失われ、システムの末端の機能としてしか作動できなくなっている情況を象徴している。だがロードサイドビジネスの全国展開の加速度は、このフランチャイズシステムによってまぎれもなく推進された。

さて、この『流通現代史』の引用の部分に登場していない、あるいはこれまで言及してこなかった他の業種にも目を向けてみよう。

デパートやスーパーの店舗数が一九八〇年代において大店法の規制下で変化していないのと比較すると、さまざまな業種の商

図表21　郊外型書店の店舗数推移

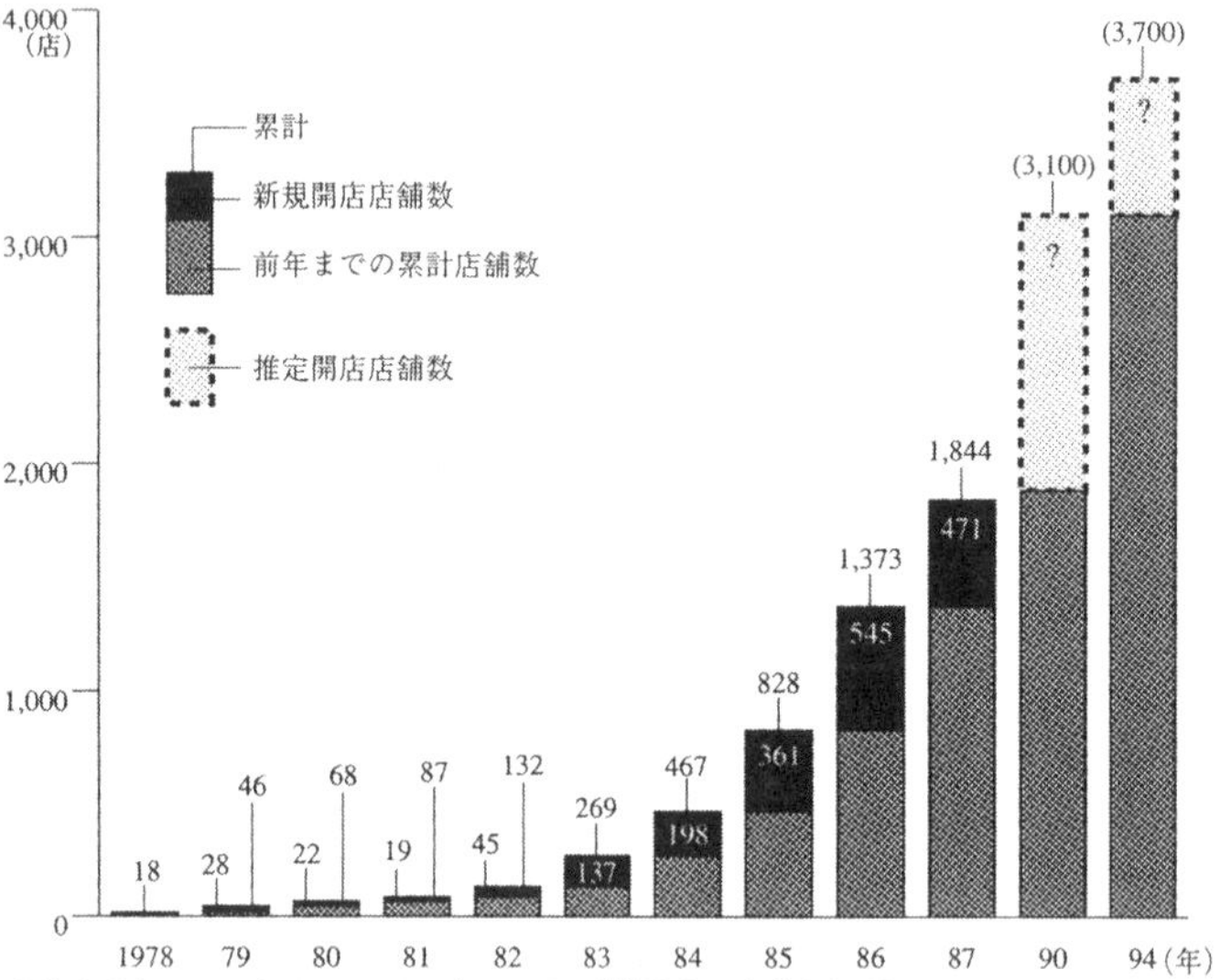


各年末現在、1987年度のみ7月現在。出典；「普及する自動車」（「中日新聞」95.11.19）

業集積であるショッピングセンターは、一九七〇年に比較して九四年には十倍になり、確実に郊外型へと移行している【図表20】。

そして郊外化の波は、まったくロードサイドビジネスではなかった物販をも、一九八〇年代において急速にロードサイドビジネス化させていく。その典型的な例として書店をみることができる。郊外型書店の出店数の推移をみてみよう【図表21】。

一九七八年には十八店しかなかった郊外型書店は、現在では四千店ちかくに及んでいると推定される。郊外型書店は、七五年以前には一店もなかったわけだから、書店も八〇年代を通じて確実にロードサイドビジネス化していったことをこの図表は示している。

一九七〇年代までは、書店も他の多くの商店と同様に、立地条件としては、駅前か商店街、学校前があたりまえで、郊外という立地はまったくイメージされることがなかった。本は町なかにある書店に出かけていって買うというのが、従来の読者の位相だった。それに郊外に読者がそれほどいるとは考えられていなかった。それは、郊外生活者の交通の手段が自動車であり、電車で通勤するサラリーマンが車中で読書することは想像できても、自動車と本がうまく結びつかなかったからだ。

しかし実際に郊外に書店が誕生し、一九八〇年代に書店が郊外型になっていくにつれて、郊外には「読者」のかわりに厖大な「消費者」という群衆か発見されるのである。郊外型書店では、本はもはや文化的商品というアウラから解き放たれて、かぎりなく消費され、他の日常品と同じ位相に追いやられる。そこで売れるのは、雑誌、コミック、文庫、そしてベストセラーといった大量生産・大量販売・大量消費されるものが過半数を占めることになり、このシステムの外部にとどまらざるをえない本は排除されていく。そしてその傾向は郊外型書店の数の増加につれて加速され、どの店の書店の棚の光景も均一化されることになる。もはや書店は、檸檬《れもん》を仕掛ける場所ではない。

郊外型書店で購われたそれらの雑誌・コミック・文庫は、文化として郊外の住宅のなかに収納されることはない。読み捨てられる宿命を負ったゴミのようなものだ。ゴミは当然のことながらゴミ捨て場に捨てられる。本がゴミ捨て場に捨てられる風景は物悲しい。だがそれも日常茶飯事の風景となって久しい。そしてそのゴミが飽和状態に達したとき、それらを商品としてリサイクルするブック・オフのような「新古本屋」が新しいビジネスとして登場する。郊外型書店は、消費財と化した本の群ればかりでなく、こうした新古本屋という新たな業態を誕生させることになった。当然のことながら新古本屋もまた、その立地を郊外に求めたのであった。

この郊外型書店の出現によって加速された読者から消費者への転位は、なにを物語っているのか。それは、ロードサイドビジネスの出現が厖大な消費者という群衆を招喚し、モノから生活や文化を剝離し、かぎりなく消費されていく記号のようなものへと転化させていったことを象徴しているように思える。新聞に毎日折りこまれて届けられるチラシは、そうしたものの氾濫である。バーゲン、ディスカウント、チラシに書かれたこれらの文字は、消費者をして必要でもないのに買い物に誘うメロディーだ。郊外は一九八〇年代の過程において、消費社会から過剰消費社会へと移行し始めていた。

このようにまったく郊外型でなかった書店が、一九八〇年代においてロードサイドビジネス化していったのと並行するように、ロードサイドビジネスとは考えられていなかった業種あるいは施設までが、つぎつぎと郊外へ進出していく。銀行、郵便局、病院、学校、学習塾、スポーツ施設、文化施設などである。

ロードサイドビジネス群によって開発された道路沿いの、かつての田や畑でしかなかった郊外

図表22　村落の郊外都市化のプロセス

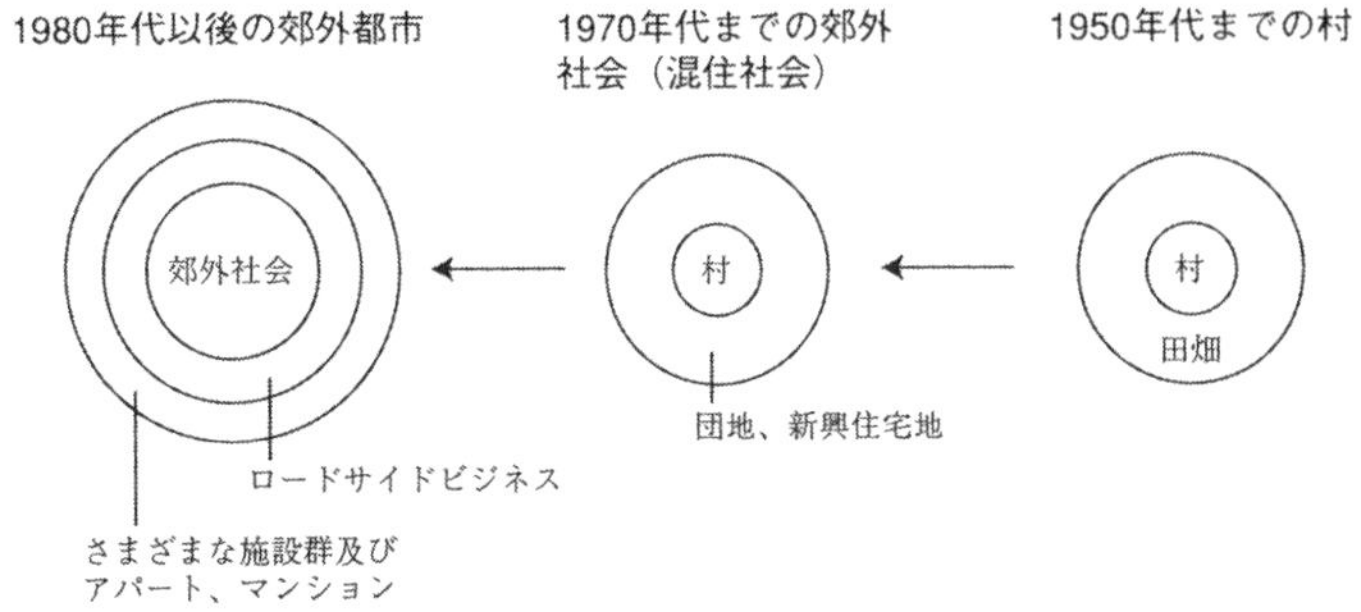


は、これらの後続する業種や施設群の登場と相乗して、利便性に満ちた空間となる。するとそれらをとりかこむようにして、マイホームあるいはマンションやアパートといったレンタル集合住宅が建設されていく。一九六〇年代から七〇年代にかけての郊外化は、工場の進出や団地、ニュータウン、分譲住宅地などの開発や建設によって進行したが、八〇年代はロードサイドビジネスの急成長によってあらゆる業種や施設が郊外化し、またそれにひきずられるようにして、郊外への人口移動、商業移動が行われた時代だったといえる。それは、ロードサイドビジネスがチェーンストア理論によって必然的にナショナルチェーン化を志向したため、首都圏のみならず、全国の各地方都市にも波及していった。そして、その始まりにおいて、ロードサイドビジネスではなく街路《ストリート》ビジネスだったファーストフード、コンビニエンスストアがロードサイドビジネス化していくのもこの時代だった。

　その結果、郊外はますます拡散・膨張していった。一九六〇年代の郊外化は村に新しい住民たちがやってきたことから始まった。そして村の周囲に新しい住宅や団地が建設され、七〇年代にいたって、新旧住民の比率が逆転し、郊外社会、混住社会となった。八〇年代にはロードサイドビジネスがこの郊外社会をとりまくようにして出現し、さらにその周囲にさまざまな施設群やアパート、マンションが建設され、郊外は膨張・拡散し、郊外都市的なものへと変貌した【図表22】。

一九七〇年代から八〇年代にかけて、郊外社会はロードサイドビジネスをきっかけとして、図表のように膨張していったのであるが、それは同時に八〇年代の郊外都市的なるものが、過剰なまでのローン社会であったことを意味している。

それはどういうことかというと、一九七〇年代までの郊外社会においては住むことは所有するという概念であった。地価が安いということを売り物にした新興住宅地のマイホームは、もとは村人の土地であり、土地代金は村の内側へと還流し、それは村から郊外社会へと転位する代償として支払われた。そして村をとりまく新興住宅地は住宅ローン地帯となった。

しかし一九八〇年代になると所有の概念は後退し、ロードサイドビジネスの占める場所はリース地帯となり、アパート、マンションのある場所はレンタル地帯となる。この転換はちょうど書店における読者から消費者への変化を想起させる。ロードサイドビジネスはその出店形式において、土地建物を所有していない。かならずオーダーリース方式（借地借家方式）を採用する。これは土地所有者側に建物を建ててもらってそのまま土地と一括で借り受けるという方式で、低コスト・軽装備で出店できるため、加速的な出店によるナショナルチェーン化をめざすロードサイドビジネスにとってはうってつけの手法なのである。したがってロードサイドビジネス商店街とは、十五年から二十年の契約期間においてのみ成立する商店街であり、契約期間が終了すればいずこともなく移動する要素が高いのである。そして町の商店街と異なり、ロードサイドビジネスの店舗に経営者や従業員が居住することはないため、生活の匂いをふりまく商店街ではない。このことは、ロードサイドビジネスが定住ではなく、ノマド的発想によって構築されていることを如実に示している。ある日突然消えてしまうかもしれないロードサイドビジネスの風景。

そしてロードサイドビジネスの周囲に成立したアパート、マンションの居住者もまた、単身者、学生、転勤移動者によって占められることが多いため、居住期間はそれほど長くはない。このレンタル地帯もまたノマド的要因に満ちている。それにしても一九八〇年代にはなんと多くのマンションが建設されたことだろうか。八〇年代の風景とはロードサイドビジネスのある風景であり、マンションのある風景でもあった。ようするにロードサイドビジネスのオーダーリース方式もふくめて、不動産プロジェクトの時代であった。民営賃貸マンションの増加は、七八年から九三年の十五年間でなんと三百七十二万戸を示している。この数字は日本住宅公団が五五年から七四年の二十年間で建設した賃貸住宅約五十九万戸の六倍であり、地域によっては市場性を無視して明らかに過剰に供給されたことを物語っている。住むことの不可能性が団地にすみやかに忍び寄ってきたように、これらの郊外の賃貸マンションにもきっと訪れてくるだろう。それは日本住宅公団の破綻が証明しているように思われる。

図表 23　自動車保有台数の推移

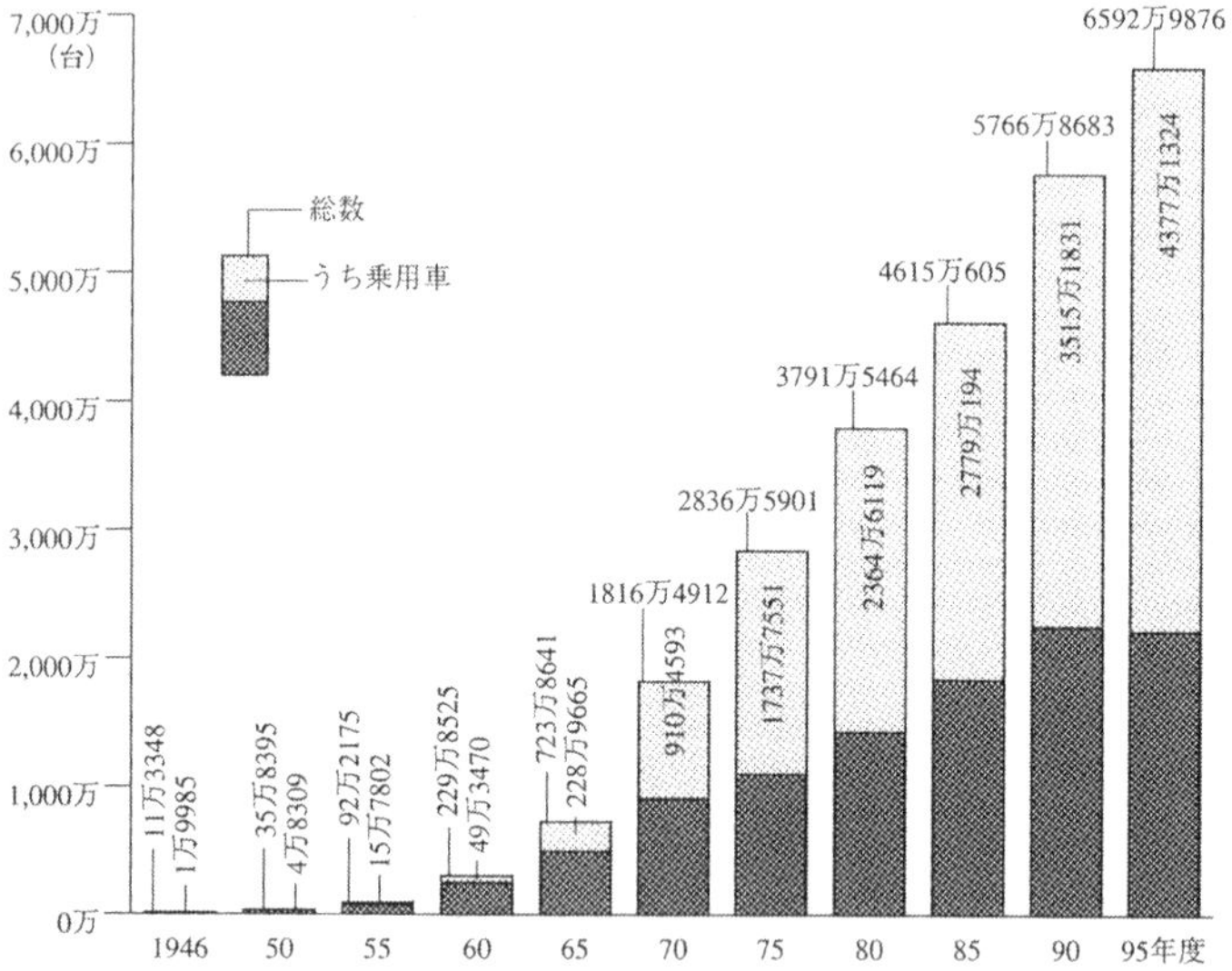


各年度末現在、1995年度のみ7月末現在、三輪車をふくむ。
出典；「普及する自動車」（「中日新聞」95.11.19）

オーダーリース方式もレンタルマンションも、つまるところすべて借金によって成立している。これらのことがらは、郊外が膨張するたびに過剰なローン地帯になっていくことを意味し、それは同時に一九八〇年代のバブル経済の反映でもある。だからこそ、このようにして成立した郊外都市は、エフェメラ《はかなきもの》の空気を漂わせている。

　そしてまたバブル経済の破綻とともについえ去ったが、リゾート構想とはこうしたあらゆるものの郊外化を背景とした、ロードの果てのさらなる郊外をイメージとして発想されたのではないだろうか。田や畑にロードサイドビジネスが建設されたよ

図表24　戦後日本の経済成長の諸相

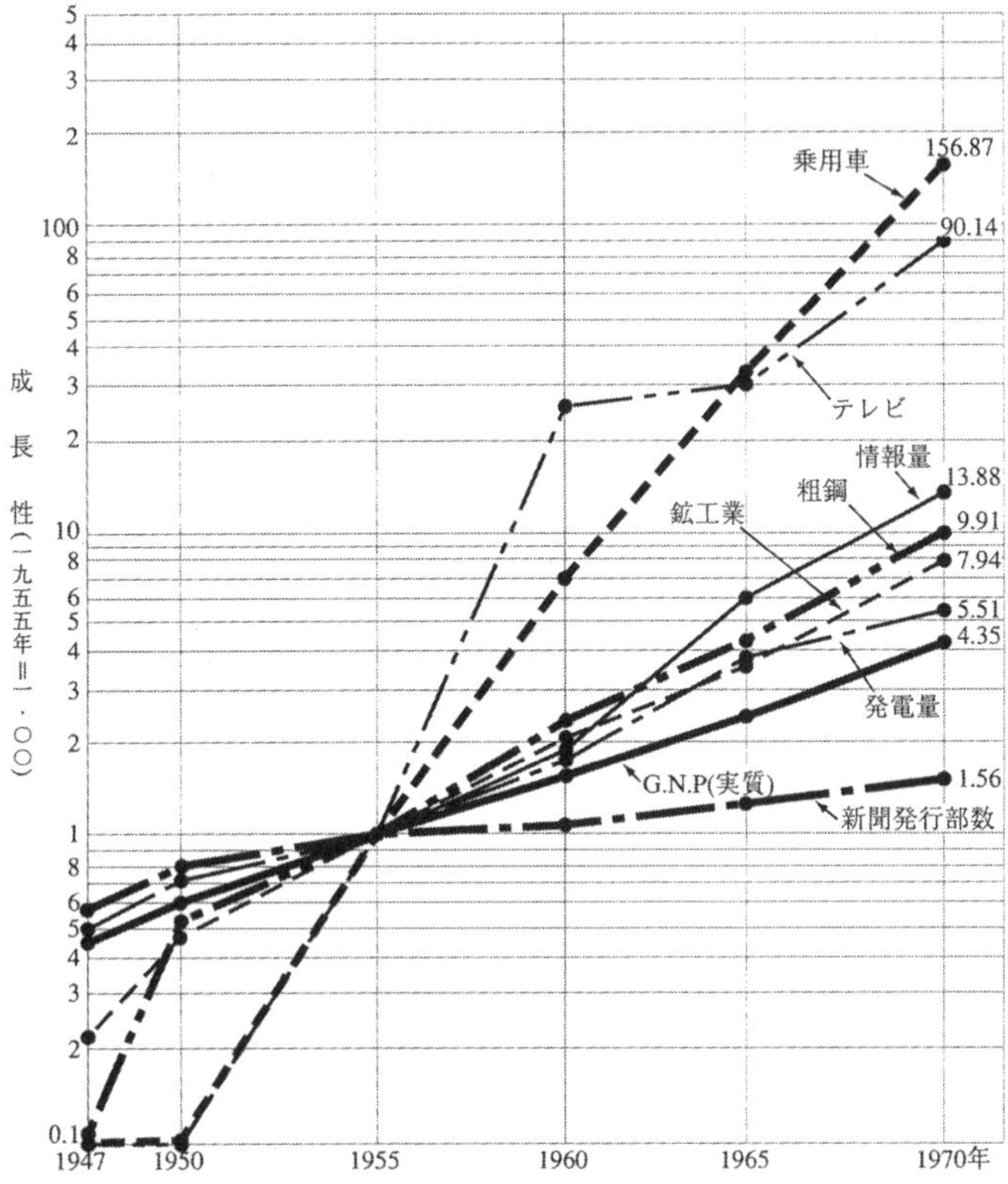


出典；佐貫利雄『現代都市論』

図表25　１世帯当たりの乗用車保有台数の推移

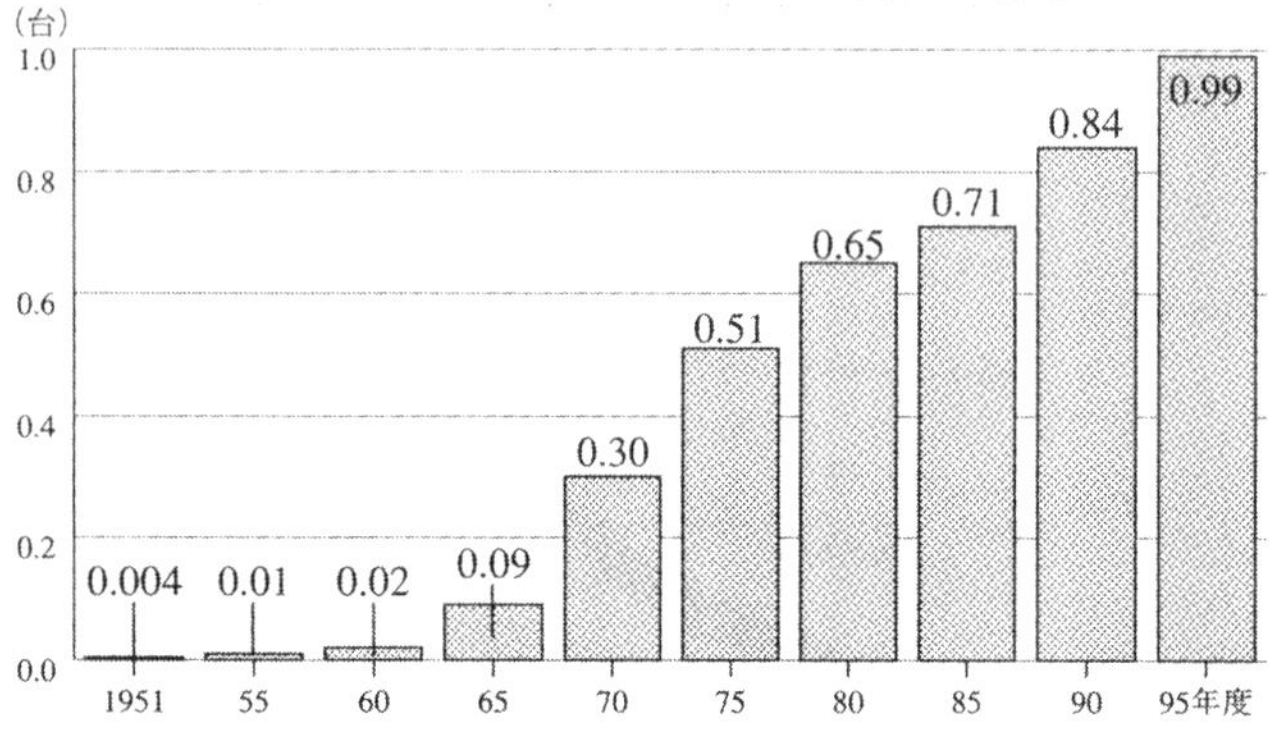


出典；「普及する自動車」（「中日新聞」 95.11.19）

うに、海や山や島のサイドやインに計画されたリゾートとは、まさしく観光の郊外化であり、第一次産業の生産共同体である農山漁村の風景の第三次産業へのドラスチックな転換を目的とするものであったように思える。

このようにして、すべてのものを郊外へ郊外へとシフトさせていく社会的要因の最たるものは、一九七〇年代以後の急速なモータリゼーションの発達にほかならない。六百から千二百CCクラスの大衆車とよばれるものが発売された一九六六年をマイカー元年として、七〇年には乗用車需要に占める個人の割合が五〇％を超えた。戦後日本社会の自動車保有台数の推移は次のようなものである【図表23】。

一九四六年に約十一万台だった自動車保有台数は、九五年には約六千五百九十三万台となり、約六百倍弱、そのうちの乗用車は約二万台から約四千三百七十七万台となり、なんと約二千二百倍に及んでいる。この数字は戦後日本社会が、とくに七〇年以後完全に自動車社会となっていったことを示している。それは都市化と同様世界にも類をみないスピードであり、日本の製造業のなかで群をぬいた成長率となっている【図表24】。

乗用車とテレビの成長率は圧倒的だ。戦後日本社会の経済成長と発展が乗用車とテレビに負っていることを、このグラフはまざまざと示しているし、乗用車は一九七〇年以後も伸張し続ける。

図表26　男女別普通第一種免許保有数の推移

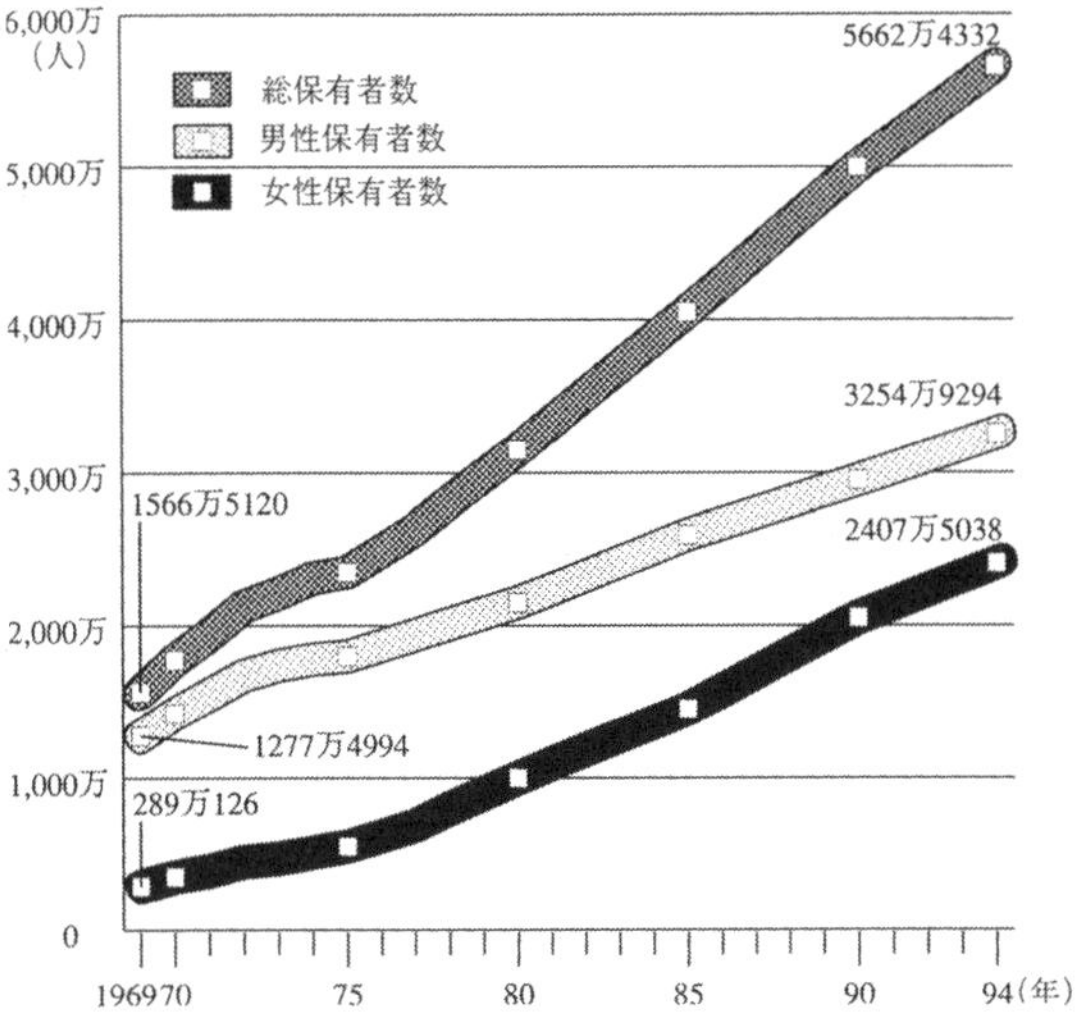

出典；「普及する自動車」(「中日新聞」 95.11.19)

右のグラフ【図表25】は、戦後の一世帯あたりの乗用車保有台数の推移である。七〇年には三世帯に一台だったのが、九五年にはほぼ一世帯に一台となり、家庭のなかに自動車が浸透し、もはや生活そのものが自動車をぬきにしては考えられなくなっていく過程がうかがわれる。自動車も他の耐久消費財同様、家庭の必需品になっていくのが七〇年代以後であり、それは女性の免許保有者数の推移とパラレルな関係にある【図表26】。

乗用車保有台数は、一九九三年で四千万台を超え、この間七〇年以後最も短期間の五年ほどで一千万台増加している。これは【図表26】にみられるように、女性の乗用車保有が急増したためと考えられる。女性の免許保有者は六九年には三百万人に満たなかったが、八〇年には一千万人を超え、九〇年には二千万人を突破し、九四年には約二千四百八万人となっている。その伸張率は六九年に比べて約十倍となり、男性が同時期において約二・五倍しか伸びていないことを考えると、女性による自動車保有や運転がいかに七〇年代から普及したかがわかる。その結果、男女運転免許保有者の割合は九四年で五七％対四三％となった。

このことは、主婦が家庭においても自動車を運転して生活する様式が、一九八〇年の免許保有者数が一千万人を超えたあたりから急速に進行したことを告げている。歩いて、あるいは自転車に乗って買い物に出かける主婦はもはや少数者となり、主婦もまたロードサイドビジネスの消費者として、自ら自動車を運転して買い物に行くという日常生活が八〇年代の風景となったのだ。したがって、八〇年代にロードサイドビジネスに続いてショッピングセンターが郊外型になり、九〇年代になってスーパーがこれもまた郊外型になっていくのは、必然的な過程であった。

またそればかりではなく、女性の職場進出の通勤手段としての自動車の普及もあげられるだろう。上野千鶴子が『近代家族の成立と終焉』で述べているように、一九八二年には有配偶女子の有業率は五〇・八％になり、ついに半数を超し、既婚女性のうち「働く主婦」は「専業主婦」を上回り、「結婚したら家庭婦人」という女性のライフコースは、少数派に転落し、労働総人口に占める女子比率は四割に上昇している。この事実は、ロードサイドビジネスが主婦のパートタイマーとしての職場を提供し、その需要を促進したことも関連していると思われる。かくして主婦たちも郊外のパートタイマーの職場へ、買い物に行くのと同じように、自動車で勤めに出かけるようになったのである。労働総人口の女子比率の四割と女性免許保有者四三%という似通った数値は、そのことを象徴しているのではないだろうか。

このようにしてすべてを巻きこみながら、郊外とロードサイドビジネスと自動車は三位一体となって、高度成長期以後のトポス、ビジネス、モノとして一九八〇年代を成長し続けた。そして日本は、高度成長期の重化学工業国家から自動車工業国家的様相を呈するにいたる。しかしその自動車工業国家が毎年一万人以上の交通事故死亡者を生み出していることも、忘れないで書きとめておこう。八〇年代後半の自動車産業は次のようなものとして描かれている。

自動車産業は生産、販売、流通、利用の各分野にまたがる総合産業である。関連部門を含めた自動車産業の従業員規模は五五二万人で、全就業人口の一〇・二%に達し、一〇人に一人が自動車関連産業に従事しており、これらの従業員が得た収入で生活する人は、一世帯平均四人として二二〇八万人に及び、全人口の五分の一が直接、間接に「くるま」に関係して生活を維持している。（中略）日本メーカーの四輪車総生産は一四五九万台に達し、世界全体の三〇%を占め、世界一の自動車王国といえる。

（白澤照雄『自動車業界』）

一九八五年の第一次産業全就業人口は、五百九万人で八・八％であるから、自動車産業全就業人口の一〇・二％ははるかにそれを上回っていたことになる。そして膨張し続ける郊外は自動車産業の絶好の市場だった。比較的早い時期からカーディーラーがロードサイドビジネス化したことはその証明となる。郊外社会の消費社会化とは都市と田園の婚姻ではなかった。自動車とロードサイドビジネスの結婚であった。

自動車保有台数の推移にみられるように、一九七〇年代以後道路は、電車が走ったり、人間が歩いたり、遊んだりする身体に身近な地面ではなく、舗装された自動車のためのロードとなった。通勤、買い物、旅行、ドライヴといった自動車による新しい生活様式は、他の交通機関と異なるリズム、利便性、ステータス、運転することで得られるスピードとその移動の感覚を提供する。そして運転する者はだれもが主役だ、すなわち新しい時間と空間の消費の形態だ。そして自動車による自由な移動によって、郊外に鉄道によるものとは異なる風景を発見することになる。

かくしてロードの主人公は自動車になった。するとそのロードのサイドでビジネスを構想する人々や企業が出現する。それがロードサイドビジネスの始まりだったのだ。それはファミリーレストランのすかいらーくや紳士服量販店の青山商事として誕生する。ロードサイドビジネスの発生とは、一九七〇年代以後の大衆自動車社会の産物として位置づけられる。ロードサイドビジネスの創業者たちはその時代において、時代を読むことのできた鋭敏なマーケットリサーチャーであり、そのことが彼らのビジネスのその後の発展へとつながっていく。

一九七〇年にロードサイドビジネスの先駆けとして郊外ファミリーレストランの一号店を府中市（店名は国立店）に出店したすかいらーくは、その後国分寺、小金井、八王子、調布、田無と続けて出店していくが、これらは東京圏三十～四十キロの郊外に位置し、いずれも六〇年代に急成長した郊外社会であった。しかし七〇年当時において、郊外型ファミリーレストランの開店は、常識的な商売感覚とはみなされず、同業者たちも例外なく否定的であったという。国立店一号店の開店前の様子と立地をすかいらーくの社史は次のように伝えている。

「こんな場所にレストランができるそうだが、商売になるのだろうかね」

そこは東京都府中市西府町。都心から甲州街道を西に下ること約三〇キロの街道沿いである。当時はあたりに目ぼしい建物はなく、沿線はほとんど畑ばかり。まだまだ武蔵野の面影の濃い郊外立地であった。

そこに忽然と、白い大きな翼を広げたようなモダーンな建物が出現しつつあった。一帯ののびやかな田園風景をバックにいやがうえにも人目を引く。それだけに「何ができるのか」と道行く人は関心をそそられたようだが、レストランの出店ということに対しては、誰もが一様に「？」の目を向けたようだった。工事にタッチした大工さんまでが「大丈夫なんですかね」と疑心暗鬼でトンカチトンカチやっていたものである。

（『いらっしゃいませ　すかいらーく25年のあゆみ』）

四半世紀前の風景が浮かびあがってくる。「当時あたりに目ぼしい建物はなく、沿線はほとんど畑ばかり」という郊外。そこに建てられていくアメリカ様式の「モダーンな建物」の出現、それがファミリーレストランのデビューの舞台であり、瞬間だったのだ。畑のなかのレストランとしてファミリーレストランは始まったのだ。そしてすかいらーくに続いて一九七五年にはデニーズが小平市に、七七年にはロイヤルが三鷹市に出店していく。

同じことは紳士服量販店についてもいえる。青山商事の青山五郎は郊外店を出し始めた頃を回想して次のようにいっている。

> 今は郊外といっても数多くの店やレストランが立ち並んでいるので状況は変わっているが、その当時は田んぼの真んなかにポツンと洋服屋が立っており、その回りには買い物などするところは全然ない。したがって来店客は当店の品物を買うという以外に目的がないわけだ。
>
> （青山五郎『非常識の発想』、傍点引用者）

このようにしてロードサイドビジネスは一九七〇年代前半に田や畑のなかに突然誕生したのである。ここであらためて、ロードサイドビジネスの一号店の出店の年を確認してみることにする。

＊ファミリーレストラン
すかいらーく――七〇年
ロイヤル――七一年
ロッテリア――七二年
デニーズ――七五年
＊紳士服
青山商事――七四年
アオキインターナショナル――七四年
＊靴
チヨダ――七七年
＊書店
三洋堂書店――七五年
ホームセンター（ＤＩＹ）
ドイト――七二年
＊カー用品
オートバックスセブン――七四年

郊外が新興住宅地として膨張していく一九七〇年代に、ロードサイドビジネスが食から始まり、衣服や日用品へと展開されていくのがよくわかる出店年度である。それよりもやや早く、六九年にダイエー町田店が郊外型スーパーとして、あるいは玉川高島屋が郊外型ショッピングセンターとして開店したが、七三年の大店法の成立によって、とくにスーパーは郊外型への転換が遅れ、活発になるのは大店法が緩和される九〇年代に入ってからであった。それが八〇年代において、五百平方メートル未満を標準店舗面積とするロードサイドビジネス専門店の独走と急成長を可能としていたのである。

最初は都心部から始まり、のちにロードサイドビジネス化していったコンビニエンスストアやファーストフードも、ロードサイドビジネスと同時代に第一号店を出店している。

＊コンビニエンスストア
ファミリーマート――七二年
セブン‐イレブン――七四年
ローソン――七五年
＊ファーストフード
ウインビー――七〇年
ケンタッキーフライドチキン――七〇年

ミスタードーナツ――七一年
マクドナルド――七一年
ダンキンドーナツ――七一年
デイリークイーン――七二年
モスフード――七二年
ピザイン――七三年
ピザハット――七三年

いずれもが一九七〇年代前半に集中している。のちにロードサイドビジネスの中核となるこれらファーストフードやコンビニエンスストアも、なぜ七〇年代前半に誕生したのか。ファーストフードについては、もちろん七〇年代の外食産業の資本自由化という大きな要因をあげることができるが、それだけではなく、日本の戦後社会がその生活様式や意識の転換期に入っていたためと考えられる。

時代を確認しながら、これまでみてきたように、一九七〇年代前半において郊外社会、自動車社会が成立したわけだが、そのほかに、この時代に日本の社会になにが起きていたのか。こうした新しいビジネスの消費者となり、その成長を支えることになった大衆はどこから、どのようにして発生したのだろうか。すかいらーくの社史は客層について次のように分析している。

図表27　産業別就業者数の推移

(1,000人、%)

| 年 | 第1次産業 | 第2次産業 | 第3次産業 | 総　数 |
|---|---|---|---|---|
| 1950 | 17,208(48.3) | 7,812(21.9) | 10,605(29.8) | 35,626(100.0) |
| 1955 | 16,111(41.0) | 9,220(23.5) | 13,930(35.5) | 39,261(100.0) |
| 1960 | 14,240(32.6) | 12,762(29.2) | 16,717(38.2) | 43,719(100.0) |
| 1965 | 11,738(24.6) | 15,242(32.0) | 20,653(43.4) | 47,633(100.0) |
| 1970 | 10,066(19.3) | 17,651(33.9) | 24,325(46.7) | 52,042(100.0) |
| 1975 | 7,396(13.9) | 18,118(34.1) | 27,627(52.0) | 53,141(100.0) |
| 1980 | 5,770(10.4) | 19,260(34.8) | 30,330(54.8) | 55,360(100.0) |
| 1985 | 5,090 ( 8.8) | 19,920(34.3) | 33,060(56.9) | 58,070(100.0) |

出典；『戦後史大事典』

大都市近郊に広がりはじめた住宅街、そこに急増しつつあった生活の感性の高い人々。そういった人たちへのアプローチのためには、店がそういう人たちのそばに出て行かなければならない。それが国立一号店であった。新宿、銀座、六本木といった従来からの繁華街ではないのだ。アメリカナイズされた、新しいライフスタイルを持った人が集積する郊外に、店舗を出す。まさに「新しい立地の創造」であった。

その時代の、モノの充足という観点から、ちょうどモノでないライフスタイル、自分自身の生活のスタイルという価値観形成期に、すかいらーくはピッタリ合った。

「生活の感性の高い人々」には留保をつけたほうがよいと思われるが、ここでいわれていることは、郊外に住み、自動車に乗り、「アメリカナイズされた、新しいライフスタイルを持った人」を消費者と想定することによって、すかいらーくが企業展開を図ってきたことを意味している。そしてそれ

図表28　第１次、２次、３次産業別就業者数割合

（%）

| | 1960 | 1965 | 1970 | 1972 | 1973 | 1974 |
|---|---|---|---|---|---|---|
| 第1次産業 | 30.2 | 23.5 | 17.4 | 14.8 | 13.4 | 12.9 |
| 第2次産業 | 28.0 | 31.9 | 35.1 | 35.7 | 36.5 | 36.3 |
| 第3次産業 | 41.8 | 44.6 | 47.5 | 49.5 | 50.1 | 50.8 |
| 計 | 100.0 | 100.0 | 100.0 | 100.0 | 100.0 | 100.0 |

総理府統計局「労働力調査」による。原資料で合計不一致の年次については第３次産業で調整。
出典；『日本国勢図会』1976年度版

が受容され、急成長したことは日本の社会か「アメリカナイズされた」時代情況に突入しつつあったことを告げている。

それならば、ロードサイドビジネスの誕生した一九七〇年代前半の日本の社会とはいったいなんであり、なにが具体的に起きていたのだろうか。

それはまずなによりも日本史上初めての産業構造の転換を体験しつつあったことだろう。一九五〇年には五〇％ちかくを占めていた第一次産業就業者数が二〇％を割り、八五年にいたっては一〇％以下になっていく。かわりに第三次産業就業者数が五〇年には約三〇％であったのが、一貫して上昇を続け、七五年において五〇％を超え、現在では六〇％以上が第三次産業に従事していることになる。第二次産業就業者数は六五年以降横ばいであるので、戦後の日本社会の産業構造の変化とは、第一次産業から第三次産業へと移行していく過程であり、農耕社会が消費社会に転換していくことであった【図表27】。この事実は田や畑がいきなりロードサイドビジネスになったことに象徴的に現れている。

【図表27】の数字は五年ごとに行われる国勢調査によっているが、

図表29　従業上の地位別就業者構成比の変化

（%）

| | 1960 | 1965 | 1970 | 1972 | 1973 | 1974 |
|---|---|---|---|---|---|---|
| 自営業主 | 22.7 | 19.9 | 19.2 | 18.5 | 18.5 | 18.3 |
| 雇用者 | 53.4 | 60.8 | 65.0 | 67.7 | 68.8 | 69.4 |
| 家族従業者 | 23.9 | 19.3 | 15.8 | 13.8 | 12.7 | 12.3 |
| 計 | 100.0 | 100.0 | 100.0 | 100.0 | 100.0 | 100.0 |

総理府統計局「労働力調査」による。
出典；『日本国勢図会』1976年度版

単年度ごとの総理府統計局の労働力調査によれば、すでに一九七三年に第三次産業就業者数は五〇・一%に達している【図表28】。第一次産業就業者数の減少にともない、当然のことながら増加していくのは、サラリーマン人口である。

次ページの図表【図表29】は、自営業主と家族従業者の減少と反比例してサラリーマン人口が増加していく推移を示している。一九六〇年にすでにサラリーマンが五〇%を超えていることがこの図表からわかるが、このように、戦後の日本社会は高度成長期とともにサラリーマン社会に入っていたのである。その後その数字は上昇し続け、七〇年代半ばには約七〇%に達している。

これらの数字の変化の意味するものはなにか。それは、一九七三年から七五年にかけての日本社会がモノを生産する社会からモノを消費する社会へと突入したことを示し、あらゆるものの価値や思考が生産の側から消費の側へと転換したことを示している。文字どおり大衆消費社会の到来を告げていた。そしてサラリーマン人口の約七〇%とは、労働が個の営みではなく、会社というシステムの内側へとおかれる比重が高くなった情況を映し出す。七三年とは、おり

図表30　中流意識の増加

（%）

| 階層別 | 1958 | 1961 | 1964 | 1967 | 1968 | 1969 |
|---|---|---|---|---|---|---|
| 上 | 0 | 0 | 1 | 1 | 1 | 1 |
| 中の上 | 3 | 4 | 1 | 6 | 8 | 7 |
| 中の中 | 37 | 42 | 50 | 53 | 51 | 52 |
| 中の下 | 32 | 31 | 31 | 29 | 28 | 30 |
| （中流小計） | (72) | (77) | (77) | (88) | (87) | (89) |
| 下 | 17 | 13 | 9 | 7 | 8 | 8 |
| 不明 | 11 | 10 | 3 | 4 | 4 | 3 |
| 計 | 100 | 100 | 100 | 100 | 100 | 100 |

総理府広報室「国民生活に関する世論調査」による。
「お宅の生活程度は、世間一般からみてこの中のどれに入ると思いますか」に対する回答。
出典；『国民生活白書』1970年度版

しもオイルショックによって高度成長期に終止符がうたれた年でもあり、この時代から日本もまた欧米先進国と同様、脱工業化社会となり、ソフト・サービス化社会に向かっていく。

一九七〇年の国民総生産は二千億ドルを超え、一人あたりの国民所得は千五百ドルとなり、欧米先進国の水準に近づいていた。五〇年の国民総生産が百億ドル、一人あたりの所得がわずか百ドルであったことに比べれば、二十年間で国民総生産が二十倍、一人あたりの所得が十五倍となったことは、高度成長期における経済成長がいかに急激であったかを語っている。その結果、白黒テレビ、電気冷蔵庫、電気洗濯機といった耐久消費財も九〇%の普及率を示し、サラリーマン人口は七〇%、高校進学率は九〇%を超えた。

一九七三年にオイルショックを体験し、低成長期に入ったものの、サラリーマン社会、高学歴社会、豊かな社会、大衆消費社会、そして前述したように郊外社会、自動車社会が成立したのである。そしてこの時代になってようやく日本の戦後社会は、かつての貧しかったアジア的農耕社会の面影から離陸したのである。その内的な充足感は中流意識の上昇となって現れている【図表30】。一九五八年には中流意識は七二％であったが、高度成長期の進行につれて中流意識は上昇し始め、六〇年代末期には現在とほぼ同数の約九〇％の人々が自らを中流だと認識するにいたった。この約九〇％という数字は、ちょうど同時期の高校進学率、三つの耐久消費財の普及率とまったく重なるものである。したがって、七〇年代以後の日本社会にあっては、さまざまな領域において均一化・画一化が始まっていたのである。豊かさのなかの均一化・画一化、それは大量消費社会の訪れとなって出現した。

こうした社会の情況とロードサイドビジネスの誕生のほかにも、一九七〇年代前半には、現在を予告するようなさまざまなできごとの始まりが、あらゆる場所で芽生えようとしていた。それをピックアップしてみよう。

一九七〇年

＊日本万国博覧会――郊外でのテーマパーク、東京ディズニーランドの先駆け。ケンタッキーフライドチキン一号店万博内出店。ロイヤル、万博出店で初めてセントラルキッチン方式を導入。

＊丸井、クレジットカード発行――カード社会化。
＊日本住宅公団の供給住宅五十万戸突破――郊外化。
＊住宅金融公庫、マンション購入者への融資を開始――第二次マンションブームとマンションの持ち家化。
＊東京・三田綱町に日本初の超高層十九階建てマンション上棟――住居の超高層化。
＊平均世帯人数三・六九人――核家族、単身者世帯の増加と少子化。
＊銀座・新宿歩行者天国――自動車社会の反映であると同時にマクドナルドの舞台となる。
＊「アンアン」創刊――女性たちの新しい消費生活様式の出現。「ノンノ」は七一年創刊。アンノン族。
＊ディスカバージャパン――古き日本の風景が消費の対象となり、過去が異国であるような時代に入る。
＊東京・晴海で初の住宅産業展「東京国際リビングショウ」開催――マイホームブーム、各住宅産業、プレハブ住宅発売。
＊クラウン、初の百円使い捨てライター発売――大量生産・大量消費・大量廃棄商品。
＊自動販売機が百万台突破――コーラ、コーヒーなどの飲料と無人販売の普及。
＊塩月弥栄子の『冠婚葬祭入門』ベストセラー――核家族化、郊外社会を示す。

一九七一年

＊日清食品、カップヌードル発売――新しいインスタント食品の出現。
＊多摩ニュータウン、第一次入居開始――ニュータウンという郊外社会の成立。
＊大学生百七十万人、幼稚園児を上回る――厖大な消費者予備軍の存在。
＊グンゼ、パンティストッキング発売――女性ファッションへの多大な影響。
＊ダスキン、ハウスクリーニング店オープン――掃除産業の始まり。
＊自動車輸送業（人・km）が全国輸送機関別輸送業のトップとなる――自動車社会化。
＊東京都ゴミ戦争宣言――ゴミ問題の本格化。

一九七二年

＊「ぴあ」創刊――情報消費・産業化。
＊ダイエー、三越の売り上げを抜き小売業第一位――第三次産業時代を象徴するスーパーの急成長。
＊離婚率増加、十万組を超える――結婚や家庭のイメージが産業構造の変化とともにゆらぎ始めたことの反映。
＊田中角栄『日本列島改造論』ベストセラー――狂乱土地ブーム。
＊日本全企業の交際費一兆円超す――会社社会化。
＊シアーズ・ローバック社と西武流通グループ、カタログ販売で提携発表――カタログ、通信販売の本格化。

＊ワインブーム――日本酒、七〇年代後半から漸減。ビール、ワイン、ウィスキーが主流となる。

一九七三年

＊ドル変動相場制移行――円高の始まり。

＊トイレットペーパー・パニック、豊川信金取りつけ騒ぎ――郊外伝説的なうわさが発端。

＊サッポロビール、天然水「Ｎｏ・１」発売――初めて水が商品となる。

＊大学進学率三〇％、高校進学率九〇％を超える――高学歴社会化。

＊千葉県のタイヘイ、夕食の材料を毎日配達する「出前惣菜」を始める――ディナーサービス業の始まり。

＊平均寿命男女とも七十歳を超える。男七十・四九歳、女七十五・九二歳。七〇年代後半には自宅死と病院死が逆転し、現在では八〇％が病院で死ぬ――高齢化社会、病院化社会。

＊筑波大学設置――大学の郊外化。

＊海外旅行ブーム、二百万人突破――外国、とくにアメリカの風景の輸入を可能とさせる。

＊電通、広告取扱高世界一――広告化社会。

＊健康雑誌「壮快」創刊――健康ブーム。

＊熊本の九州産交「産交ふるさと便」開始――宅配便の始まり。

一九七四年

＊週休二日制、民間企業の五〇％が実施——余暇社会の始まり。
＊朝日カルチャーセンター開講——新しい文化産業の始まり。
＊中村紘一『やせる健康食』ベストセラー——飽食時代とダイエットブーム。
＊戦後初めての〇・二％のマイナス成長——工業社会からソフト・サービス社会への転換。
＊大手出版社文庫戦争加熱——本も大量生産・大量消費の時代に入る。

一九七五年

＊カラーテレビ全世帯普及——衣食住に与えたカラー化の影響。
＊ソニー、ビデオ（ベータ）発売——映像の新たなる商品化。
＊サラリーマン、住宅ローン返済中一四・二％、八六年三一・一％——住宅ローン時代、住専各社七〇年代前半に設立。
＊エポック社、「テレビテニス」発売——テレビゲーム第一号。
＊観葉植物、盆栽ブーム——自然志向、エコロジーへの傾斜。
＊戦後世代過半数に達する——戦後世代社会へ移行。
＊「月刊プレイボーイ」創刊——アメリカ版は五三年創刊、セックスとマスカルチャーを大衆消費の世界に引き出したとされる。「ポパイ」は七六年創刊、アメリカ的ライフスタイルと日用品のカタログ雑誌——サブカルチャーの台頭。

（『昭和家庭史年表』『昭和史全記録』『昭和』などから抽出）

このように一九七〇年代前半のできごとを追ってみると、ロードサイドビジネスやファーストフードやコンビニエンスストアだけでなく、じつに多くのサービス産業や新しい商品がぞくぞくと誕生し普及し始めていることがわかる。テーマパーク、クレジットカード、住宅ローン、プレハブ住宅、マンション販売、使い捨て商品、ハウスクリーニング、宅配便、情報産業、ディナーサービス、ビデオ、園芸、健康、フィットネス産業、カルチャー事業など。現在ではどの分野も確たる産業として成長している。

そして現在の日本社会の問題の中核である少子化・高齢化・病院化社会の始まりも、この時代に徐々にその姿を露呈させようとしていた。これらのできごとを背景として、第三次産業が全就業人口の五〇％を超えた消費社会へと日本社会は産業構造の転換を体験する。ちょうど同時に戦後世代が過半数を超える。そればかりでなく、郊外社会、自動車社会、中流社会、サラリーマン社会となっていく。

一九七〇年代前半に姿を現そうとしていた新しい社会は、かつての高度成長期までの日本ではもはやない。大衆の原像もまた変化しなければならない。戦前世代から戦後世代にその主体が移り、農民や商店主や自営業者や工場労働者が大衆の中心ではなくなったのだ。そして大衆の原像は消費者へと転換している。したがって七〇年代以降の消費社会の主役とは、消費者にほかならない。さらにその消費者の原像とは、戦後生まれで、第三次産業に勤務するサラリーマンを夫とし、同じく第三次産業のパートタイマーを妻とする核家族の夫婦であり、住宅ローンを組んでいて、郊外のマイホームに住み、自動車を保有して、高卒以上の学歴があり、中流意識をもっている。これが七〇年以降の大衆の原像となる。そして彼らを親とする、小学生から大学生までの消費社会のおびただしい脇役が存在する。

このことは一九七〇年代以降の日本社会において、農耕社会や工業社会のカルチャーと消費社会のサブカルチャーの混住化が進行し、サブカルチャーが台頭してきたことを意味している。テレビCMや少女漫画や歌謡曲といった、マスメディアに現れるサブカルチャーを主として論じた『マス・イメージ論』(一九八四年)の「あとがき」で、吉本隆明は次のように書いている。

カルチャーとサブカルチャーの領域のさまざまな制作品を、それぞれの個性ある作者の想像力の表出としてより、「現在」という巨きな作者のマス・イメージか産みだしたものとみたら、「現在」という作者ははたして何者なのか、その産みだした制作品は何を語っているのか。

「『現在』という巨きな作者」とはまぎれもなく、一九七〇年代以降に誕生することになった新しい大衆の原像なのだ。そして彼らが「マス・イメージ」を産出していく。それが消費社会の風景と物語の根底に存在するものであり、「その産みだした制作品」のいくつかがロードサイドビジネスや郊外社会となって出現したのである。

しかしその「マス・イメージ」には、つねにアメリカが影を落としている。ロードサイドビジネスや郊外社会とは、アメリカ的生活様式であり、アメリカの風景の招喚にほかならないからだ。このことは、一九七〇年代以後日本とアメリカの風景が混住化する現象をひき起こした。そして日本の第三次産業化とはアメリカ的な第三次産業化でもあったといえる。

したがって、ロードサイドビジネスのある風景のみならず、第三次産業の発展はアメリカにその起源を求めなければならない。いやそればかりではない、郊外も自動車もアメリカによって発見されたのである。

# 第3章　アメリカ的風景の出現

合衆国が現代の消費社会の典型《パラダイム》である。
（ロザリンド・H・ウィリアムズ『夢の消費革命』吉田典子ほか訳）

戦後の日本社会の産業構造の転換による消費社会化は一九七〇年代前半に起こったのだが、欧米先進国ではその転換はいつだったのか。欧米先進国ではいつ第三次産業就業人口が全就業人口の過半数を超えるという体験をしていたのだろうか。それは次のようである。

アメリカ――一九三九年
フランス――一九七二年
西ドイツ――一九八一年
イギリス――一九六九年
（佐貫利雄『日本経済の構造分析』の図表より抽出）

こうして比較してみると、あらためてアメリカの消費社会化の突出した早さに驚かされる。フランスやイギリスはほぼ日本と同時期である。フランスでジャン・ボードリヤールの『消費社会の神話と構造』が刊行されたのが一九七〇年であるから、まさしく転換期の書物であり、産物であることがわかる。西ドイツやイタリアは八〇年代以降である。とすれば消費社会の先行するモデルとはアメリカにしかありえない。したがって、一九七〇年代前半に日本社会が消費社会化し、その象徴のようにしてロードサイドビジネスが誕生したとき、その出自がアメリカにあったのは必然的なことであった。

そしてなによりもアメリカの第二次大戦後の経済発展とは、デイヴィッド・リースマンが『何のための豊かさ』のなかでいっているように、自動車と郊外の膨張によって支えられていた。つまりロードサイドビジネスが成長をとげていたことを意味していた。日本のロードサイドビジネス創業者たちはことごとくそれらをアメリカで発見する。

ファミリーレストラン、すかいらーくの場合。

茅野たちがアメリカで見たものは、業界の常識を破ったニュータイプの飲食店がすさまじいまでの勢いで新しい波を全米に広げている事実であった。それらは行く先ざきの都市郊外の道路沿いにほどよい距離を置いて絶えることなく存在していた。しかもいずれもが店内に多くの客の影をみせ、かなりな繁盛をみせていることを物語っていた。

アメリカでは当時、外食することは当たり前の日常的生活習慣になっていたが、日本はもちろんヨーロッパもそうでない。アメリカを除いてはファーストフードなるものはまだ存在してなかった。マクドナルドに代表されるファーストフードの出現は、「ハンバーガー店を小さなアセンブリ工場に変えた」といわれる。紙のコップに紙の皿。その使い捨てという合理的なペーパーサービス、それにセルフサービス、スピードサービスを軸としたユニークな店は、それを見るたびに茅野亮、横川紀夫の二人の頭脳をガツンガツンと打った。

もう一つ、茅野たちは日本でいえば甲州街道とか青梅街道という幹線道路の郊外立地に点々と存在するしゃれたコーヒーショップ（主力メニューはブレークファストとランチの構成）にも目をみはった。その駐車場はどこも自家用車で埋まっていた。自動車でわざわざやってきて、朝食を含めて気軽に食事をする光景はまだ日本ではみられない珍しい風景であった。

ファーストフードもコーヒーショップも、日本では未開拓の分野であり、ゾクゾクする期待感を持たせる処女的マーケットであった。日米間にはいくぶんのタイムラグはあるものの、社会環境の成熟度からみて、茅野たちは「日本でも早晩必ずやれる時がくる」と確信した。

（『いらっしゃいませ　すかいらーく25年のあゆみ』）

紳士服量販店、青山商事の場合。

アメリカでの車の普及率は高く、一家に一台が当たり前であったために、大きな駐車場をつくるためには店を郊外に出すことが必要だった。そこに目をつけ大成功をおさめていたのである。

これほど国土が広いアメリカでも街には土地がなくなり、商店は郊外にどんどん進出している。日本はもっと国土が狭い。当然、今後車社会が定着すれば、都心部はますます不便になり、買い物の場も郊外に変わるのではないかとそのとき痛感した。それが私を郊外店構想へ走らせたきっかけである。

（青山五郎『非常識の発想』）

コンビニエンスストア、セブン‐イレブンの場合。

ハイウェイ沿い、広い道路から住宅地に入る道の角などに、同じような小さな商店があるのに鈴木と清水は注目した。ガソリンスタンドを兼営業している場合もある。それが7-ELEVEN（セブン‐イレブン）というコンビニエンスストアであった。食品店とも雑貨屋ともつかぬ、このような小さな店がアメリカにもあるのかと最初は見ていたが、あるとき統計で7-ELEVENが当時約四、〇〇〇店あることを知った。これはただごとではない、何かシステムがあるはずだ、と鈴木は考えた。

（『セブン‐イレブン・ジャパン　終わりなきイノベーション　1973-1991』）

このようにして創業者たちによってアメリカで発見されたロードサイドビジネス。彼らに共通する視線は、七〇年代の日本がかならずアメリカのようになるという予感だ。すなわち消費社会、郊外社会、自動車社会がやってくるという確信である。彼らの予測が当時いかに先を読んだものであったかは、ダイエーの中内㓛の発言と比較すればよくわかる。彼らがアメリカでロードサイドビジネスを発見したころ出版された『わが安売り哲学』のなかで、中内㓛は「店は都心にのみ存在しうるもので、郊外に専門店はありえない」と断言している。この発言は、デパートやスーパー、専門店は都市の内側にしか成立しない、という当時の認識の限界を示している。それはまた、デパートにしてもスーパーにしても都市の内側をその出自としていたし、郊外がそうした場所に変容するとは予想されていなかったことを明らかにしている。それに中内㓛は日本で進行していた自動車社会について批判的な眼差しをもっていた。『わが安売り哲学』で次のように述べている。

マイカー時代というが、自動車はいまの生活にほんとうに必要なのか。レジャーのために車を買うのはおかしい。(中略)車でウサを晴らす。生活からの逃避である。

車はあれば便利だが、万人に絶対に必要なものではない。絶対的ニーズはないのに、あの人が買えばこちらも買う。日本独特のタテ型社会と、事大主義の延長である。いまの日本に最も必要なのは乗用車なのだろうか。都市部での混雑はここで言うまでもないだろう。地下鉄、電車といった大量輸送手段の開発が、車以上に必要なはずである。

この中内㓛の自動車に対する見解は、ロードサイドビジネス創業者たちとの世代間の距離を示すものである。中内㓛は消費社会になることは望んでいても、自動車社会、すなわち郊外社会に対しては懐疑的であり、当然のことながらアメリカが自動車社会、郊外社会であることを知りながら直視しようとはしなかった。

ところがロードサイドビジネス創業者たちは、アメリカの郊外のロードサイドに一瞬のうちに新しいビジネスの物語を発見する。それは日本の消費社会の来たるべき姿が、都市のデパートやスーパー、あるいは町の商店街といった定住者的なものではなく、自動車に乗った消費者を相手とするノマド的形態へと転換していくという予感であったと思われる。とすれば、中内㓛のダイエーに代表されるスーパーが商業改革であったのに対して、ロードサイドビジネスは商業立地改革であった。そのいずれもがアメリカから輸入されたもので、それが町の商店街に対してもつ意味は、たとえていえばアメリカ占領軍による農地改革にも匹敵する。農地改革によって戦前の農村が解体されたように、町の商店街はスーパーによってダメージを受け、さらにロードサイドビジネスによって郊外と自動車で包囲された。

そしてロードサイドビジネスの商業立地改革によって、農耕社会の風景のなかに商業が出現することで風景がアメリカの風景となっていく。アメリカ的風景に占領された日本。このとき、真の意味での農地改革が完了したのである。

だが、郊外はロードサイドビジネスの出現より以前にアメリカを内包していたことを書きとめておかなければならない。そしてこのことが、フィリピンから奇跡的に生還してきた敗戦兵である中内㓛をして、郊外を直視することを回避させた理由であるかもしれない。それは基地の存在である。残存している敗戦と占領の記憶をとどめる、敗戦と同時に都市の郊外に出現した米軍基地。それは日本史上初めての占領軍との混住を意味していた。基地の生活はおそらくアメリカの一九四〇年から五〇年代の生活様式、すなわち郊外と自動車によって彩色されていた。そしてそこから戦後日本社会に向けて放たれた風景は、日本を呪縛する幻影のようなものではなかったか。いや幻影どころではない。それは戦後日本社会の風景と深く密通していたのである。たとえば、日本住宅公団の設立が占領軍によって促され、その事業がアメリカ合衆国軍事顧問団とその家族のための住宅の供給と管理運営であったことは明記しておかなければならない。『日本住宅公団20年史』はこのことについて本文でふれておらず、年表のなかに埋め込めている。

毎日新聞社から刊行された『一億人の昭和史　日本占領2』に、戦後建設された基地や住宅の写真が二ページにわたって掲載されている。そしてそこには「別世界のキャンプ」という文章がつけられている。

進駐軍は東京都内を初《ママ》め、旧軍施設の多い神奈川県下、さらに国内を各ブロックに分け、北海道・東北・中部・近畿・中国・九州に駐留、最初は飛行場・兵舎などの施設をそのまま使用したが、つぎつぎに改善を要求し、工事用資材としてセメント・鉄管・木材・スレートや電線・ガラス・電球など、備品として家具・電気冷蔵庫・食器類など、いずれも当時調達困難なものを大量に要求した。進駐軍関係は日本人の生活とは別の世界であった。

敗戦によって突然、全国の郊外に「日本人の生活とは別の世界」が出現したのだ。田園地帯に建設された占領軍兵士や家族の住宅の写真をみると、それはまごうかたなきアメリカの郊外の風景であり、集合住宅はそのまま団地の前身のようにみえる。おそらく日本住宅公団はその前史において、これらの建設に関わることで、団地の建設や開発、運営の技術を身につけたのではないかと推定される。

日本住宅公団ばかりでなく、一九六一年に設立された日本道路公団もまた、その前史に占領軍の影を落としている。『日本道路公団二十年史』は、占領軍の自動車とその払い下げなどで自動車が急増し、「昭和二十三年一〇月には二二万二、〇〇〇台に達し、九年の一一万二、〇〇〇台に対して二倍」となったと記している。そしてＧＨＱの道路補修命令によって、道路の復旧は特別調達庁の所掌に移された。これが日本道路公団の始まりであり、高速道路建設、有料道路制度もまたアメリカをモデルとしている。

このように占領軍がもたらしたのは、農地改革、財閥解体、民主化、学制改革ばかりではなかった。日本住宅公団や日本道路公団の始まりに象徴されるように、住居や道路までがその支配下にあった。前述したように、アメリカは一九三九年に消費社会化し、その後自動車社会、郊外社会となっていくから、そのアメリカの風景が占領下の日本において輸入され始めていたことになる。そして基地やその周辺の住宅からアメリカの同時代のマス・イメージが発信されていく。ジャズやポップスといった音楽、映画、小説、雑誌類、それから衣食住におけるアメリカ的生活様式、それらを獲得しようとして日本は高度成長期に突入する。高度成長期とは、なによりも占領軍がそうしたように、戦後の日本社会が「セメント、鉄管、木材、スレートや電線、ガラス、電球など、備品として家具、電気冷蔵庫、食器類など、いずれも当時調達困難なものを大量に要求した」時代であり、またそれらを獲得することで、アメリカ的生活様式へと接近していく過程であった。

占領下の日本人にとって基地の道路と建物はどのように映っていたのか。そしてどのようなものであったのか。一九五四年に発表され、芥川賞を受賞した小島信夫の『アメリカン・スクール』はそれらを鮮明に描いている。

アメリカン・スクールまではたっぷり六粁《キロ》あった。そこには舗装されたアスファルトの道が、市外に出るとまっすぐつづいている。（中略）

十分もするとアスファルトの道が見えてきた。自動車がひっきりなしに通った。アメリカン・スクール附近には、そこから数里はなれたところにある大部隊に出ている軍人軍属の宿舎があった。

その道は歩くための道ではないために、あまり遥かにまっすぐつづいているので、一行の中から溜息がいくつも洩れた。

彼らがこうして辿《たど》りついたアメリカン・スクールは広大な敷地を持つ住宅地の中央に、南にガラス窓を大きくはって立っていた。敷地は畠をつぶしたのだ。アメリカ人にとっては贅沢《ぜいたく》なものとは云えないが、疎《まば》らに立ちならんだ住宅には、スタンドのついた寝室のありかまで手にとるようで、日本人のメイドが幼児の世話をしていた。参観者たちにはその日本人の小娘まで、まるで天国の住人のように思われる。

これが基地の住宅地の風景だ。「道は歩くための道ではな」く、「自動車がひっきりなしに通る「舗装されたアスファルトの道」だ。一九五五年の日本の舗装率（簡易舗装もふくめて）は、一般国道一七・二%、都道府県道四・八%である（九六年はそれぞれ九八・四%、九三・六%）。そして「広大な敷地を持つ住宅地の中央に」アメリカン・スクールがあり、その住宅地は「畠をつぶした」ものだ。それは郊外を象徴している。そこに住む人々は「天国の住人のように思われる」。

『アメリカン・スクール』に描かれた自動車と郊外にある基地の風景のなかには、消費社会の影がある。そしてそれが「天国」のように思われる。

【図表31】をよくみてほしい。アメリカによる日本の占領とはその「天国」＝消費社会による農耕社会の征服だったのだ。だからこそ農耕社会を解体し、都市へと人口を集中させ工業社会を形成し、自動車と郊外のある豊かな消費社会となること、そのことによって初めて占領は完成されるのである。それがまた日本の戦後社会の無意識的な命題となった。

しかしそのスピードは異常な速さであったというべきであろう。【図表31】の「日・米末就業構造の長期的変動」によれば、アメリカの一八七〇年における第一次産業就業人口が五〇％であり、一〇％を割るのが一九六〇年であるから、九十年のあいだに緩慢に減少したとすれば、日本では一九五〇年が四八・三％で、八〇年が一〇・九％であるから、わずかアメリカの三分の一の三十年間で達成されていることになる。第三次産業化も同様である。アメリカの第三次産業就業人口が三〇％から六〇％ちかくに上昇するまで七十年かかっているのに比べて、日本はそれが四十年しかかかっていない。

これは第1章でふれた都市化のスピードとともに特記すべきことだろう。つまり日本の戦後社会は、他の国に例をみない速さで、住む場所や職業が変わっていったことを示している。そしてそれは衣食住といった生活様式と風景の変化として現れていったのである。

それならば、日本の戦後社会が模倣しようとしたアメリカの消費社会の内実とはどのようなものであったのか。デイヴィッド・ハルバースタムは『幻想の超大国――アメリカの世紀の終りに』で次のように書いている。

図表31　日・米就業構造の長期的変動

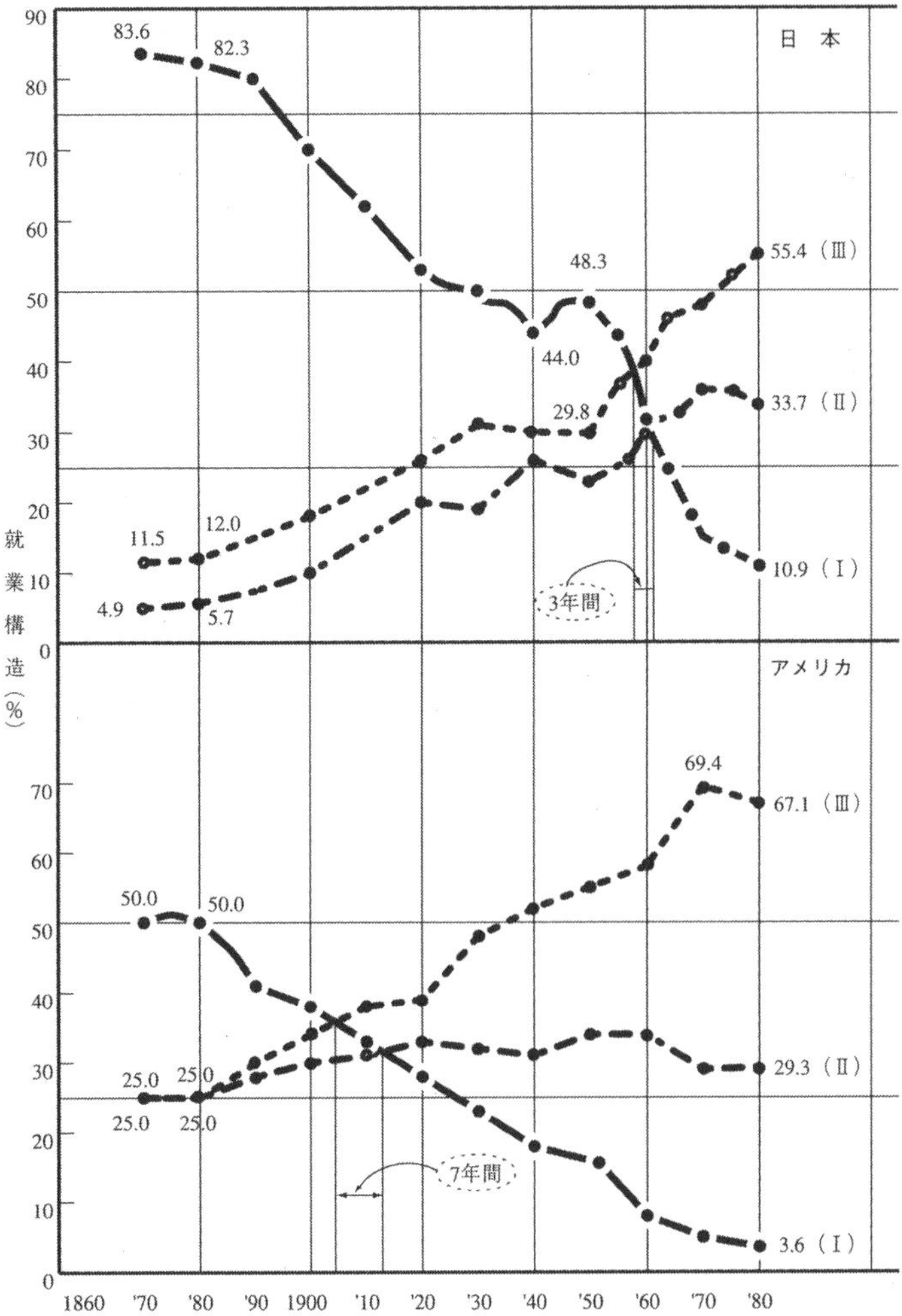


出典；佐貫利雄『日本経済の構造分析』

今世紀の大部分を通じて、アメリカ文化は同時に自動車の文化でもあった。（中略）二十世紀の初頭、アメリカにおける第二の革命とでも呼ぶべきものをもたらし、「コモン・マンの世紀」への道を切り開いたのは、ヘンリー・フォード一世というひとりの天才だった。フォードは工業的大量生産のシステムを確立することで自動車の価格を大幅に引き下げ、労働者が自分の作った製品を購入することを可能にした。いわばヘンリー・フォードは、労働者を消費者の仲間入りさせたのであり、そこから二十世紀という工業の世紀が始まった。

この新たな産業革命がアメリカで花開いたことには、さまざまな要因が存在した。アメリカは、ガソリン・エンジンの出現によって一般市民の生活までが一変した最初の国家であり、自動車はその変化のシンボルだった。それが他の国々ではなく、まず最初にアメリカで起こった理由ははっきりとはわからない。（狩野秀之訳）

やはり自動車だったのだ。アメリカ的製造方式＝大量生産システムによって、自動車は「一般市民の生活までが一変した最初の国家」を出現させた。

ヘンリー・フォードは、「大量生産とは、動力、正確さ、システム、連続性、スピードの原理の製造方式」（『エンサイクロペディア・ブリタニカ』第十三版の「大量生産」に関する項目の記述――オットー・マイヤーほか編『大量生産の社会史』小林達也訳より再引用）と書いている。その大量生産システムによって造られた自動車は、アメリカ特有の国土の広大さ、安いガソリン、郊外へ膨張する人口と相まって、またたくまにアメリカを二十世紀の自動車社会へと変貌させた。

そしてハルバースタムは、「自動車は他の何にもまして、アメリカ人に自由を実感させてくれるもの」で、「ある意味で自動車は自立を象徴する存在」であり、「アメリカのような社会では、はじめて自動車を運転することは社会的・心理的意味での解放を意味し」、そうすることで、「アメリカの若者たちは過去との絆を断ち切った」と書いている。「過去」とはなんだろうか。先住民族インディアンの殺戮の残映、ピューリタニズム、フロンティア時代の記憶、それともウシを追うカウボーイのイメージだろうか。自動車に乗ることで、「過去との絆」から解放された若者たちを待っていたのは、郊外の消費生活の風景だった。

このように、アメリカが世界初の「自動車中心国家」になったのは、五〇年代初頭の出来事だった。当時、ヨーロッパの一般家庭では、まだ一台目の車を買うのに四苦八苦している状態だった。しかし、アメリカの新しい郊外住宅地では、大部分とはいえないまでも、多くの家庭が二台もしくは三台の自動車を持っていた。そして、五〇年代の終わりにさしかかると、アメリカ人は、世界中のどの国民よりも自動車をよく運転し、自動車に頼るようになっていた。

それどころか、もはや自動車とともに生きているといっても過言ではなかった。アメリカ人は毎日自分の車に乗らずにはいられなくなった。車で仕事に出かけるだけではなく、高価なカーステレオで音楽を聴いたり、車のなかでセックスをするものまで現れた。昼食やディナーも車のなかで食べ（マクドナルド、ウェンディーズ、バーガーキングといったファーストフード・チェーンは、車に乗った人々を真っ先にターゲットにした）、銀行取引も車のなかで済ませ、映画も車のなかで観る。そして、ここ十年ほどのあいだには巨大なショッピングモールがあちこちに出現した。人々は自動車でそこへ出かけ、車を駐車場に駐めると、七、八軒の店をまわってできるかぎりの買物をするのである。
（ハルバースタム『幻想の超大国』）

日本の一九八〇年代以後の郊外の消費社会の風景になんと酷似していることだろうか！　それに産業構造においても、アメリカの五〇年代と日本の八〇年代はまったく重なりあっている。そしてこのハルバースタムの文章は、「アメリカ」と「日本」を、「五〇年代」と「八〇年代」に置き換えれば、そのまま日本の風景を描いているといっても過言ではない。

一九五〇年代の自動車の大衆化による消費社会の出現は、さまざまな大衆消費の装置を創出する。ハルバースタムは、ヨーロッパと異なり「アメリカ文化がつねに大衆文化」であり、「アメリカでうまく機能するのは大衆のためのシステムであり、人口の大部分を対象にしたものだけが成功する」といい、続けて、次のように書いている。

アメリカで真に成功者と呼べるのは、大衆レベルでの成功を収めた者だけに限られる。それは、たとえばハンバーガーを国民食にし、マクドナルドの名前を一般名詞にまでしたレイ・クロックであり、あるいは第二次大戦後にヘンリー・フォード方式で住宅を大量に供給し、ついにはレヴィットタウンという町まで作り上げてしまったビル・レヴィットである。最近では、上質のデザイナー・ブランドの衣類を、アメリカのあらゆるところで何百万もの人々が買えるものにしたラルフ・ローレンの名前をあげることができるだろう。

そうした意味て、ヘンリー・フォードの偉業はきわめてアメリカ的なものだった。彼の創始したシステムは、ただ単に自動車産業を変革しただけではなく、工業生産のプロセス全体を変えてしまった。フォードの考えでは、どんなものであれ、大量に生産しさえすれば値段を下げることができた。

またフォードは、それに劣らない重要性をもつ、もうひとつの改革をアメリカにもたらした。彼は、中流階級という膨大な消費者層を作り出し、国民の誰もが消費活動に参加できるようにしたのだ。

「大衆のためのシステム」とは、フォードのいう「動力、正確さ、システム、連続性、スピードの原理の製造方式」である大量生産であり、「大量に生産しさえすれば値段を下げることができ」るシステムをさしている。フォードの発明した自動車の大量生産のシステムは、「きわめてアメリカ的なもの」であり、そのシステムはファーストフードのハンバーガーや郊外の住宅建設や衣類にまで及ぶことになる。自動車から始まって、衣食住にまで連鎖するこの大量生産システムは、同時に消費者という大衆を大量生産していくシステムでもあった。なぜなら、フォードは「国民の誰もが消費活動に参加できるようにした」のだから。

したがって、小島信夫の『アメリカン・スクール』に登場する「天国の住人」になることは、そのまま大衆消費社会の住人になることを意味していたのである。だが農耕社会の残映する日本の戦後社会において、それは実現可能なのか。可能であるとするならそれはどのようにして実現されるのか。もし実現できたとすればそれは革命のようなものではないか。高度成長期に入ったばかりの一九五七年に、大阪でドラッグストアのチェーンを作ることを目標として、社員十三人で、三十坪たらずの店を開店したひとりの男が、その革命を夢見ていた。その革命は次のように幻視される。

革命が一回で成功することはない。不首尾に終われば、また新規まき直しでいくよりほかない。裏切られても、脱落者かつぎつぎに出ても、成功を夢みて執拗に歩き続けるだけだ。革命は計算したらできるものではない。採算が合うものではない。そんな危険を冒すより、生活の安泰と企業の安定をのみ考えたほうが無難であることはわかっている。
裏切られながらも、成就を夢みて努力する。そのプロセスのなかに革命がある。革命は一夜にしてできない。歴史上の革命のいずれもが、周到な積み重ねと、多くの犠牲者のうえに成就している。一見、一夜にしてなったかにみえる革命にしても、長い準備期間がある。（中略）革命は絶ゆることなきものであり、革命に完成はない。高き理想を掲げ、その実現のために全霊を打ち込む過程がすなわち革命である。同志を信頼し、夢と情熱を燃やしていくのみである。

（中内㓛『わが安売り哲学』）

出典を明記せず、また引用文から「企業の安定」という部分を削除すれば、この文章は永久革命論であり、スーパーの経営者によって書かれたものだとは類推できないと思う。これは冗談でいうのではないが、一九六〇年代において最も過激なアジテーターであり革命家であったのは、ひょっとすると中内㓛だったのではあるまいか。ただ私たちはスーパーのなかにそんなアジテーションが込められていることに気がついていなかっただけだ。

それならば中内㓛の革命とはなにか。それは流通革命であり、その流通革命は次のように描かれる。

現実の世界の中心的存在である価格を破壊することは、現在の社会秩序を破壊しながら新しく創造していくことを意味する。つまり革命である。革命とは天の命による権力者の交代である。現在の流通部門を支配する者は生産者であるが、現状にあきたらず革新をめざす流通業者は、生産者をその権力の座から引きずり落とし、流通支配権を流通業者の手に奪い返すことをめざしている。そして革新的な流通業者は、その背後に目ざめた消費者大衆の支持をうけることによって革命へのプロセスを歩む。これが流通革命である。商品は流通過程を経過することによって需要者の手許に届けられ、ここに価値は初めて実現される。この流通過程における支配権者の交代か行なわれるとき、それは生産過程をも変えていく。

現在の日本の経済社会は、生産者がすべての面にわたって実権を握っている。生産者中心型の社会である。それは商品の価格決定権を生産者が握っていることに、端的に表現されている。革新的流通業者は、生産者が一方的に指示し、また決定した価格を破壊し、これに代えて流通業者が消費者大衆のために価格を設定することによって、生産者中心型社会を流通業者中心型の社会に改めることをめざしている。

ここにあるのはもはや敗戦時の農耕社会ではない。高度成長期の過程でモノが溢れ始めた前消費社会とでもいうべきものだ。そして社会の構図は生産者、流通業者、消費者という三者によって捉えられ、「生産者がすべての面にわたって実権を握っている」。

「よい品をどんどん安く売る」という理念のもとに出発したダイエーの歴史は、薬品のディスカウントハウスから始まったこともあって、価格破壊を実践することで、各大手メーカーとの訴訟もふくめた闘いそのものであった。その闘いの具体的な姿は、『わが安売り哲学』では直接にふれてはいないが、中内㓛をモデルとした城山三郎の『価格破壊』のなかで、その物語の座標軸として据えられ、その価格破壊の実態がどのようなものだったかを伝えてくれている。価格破壊の目的は、「よい品をどんどん安く売る」と同時に「生産者中心型社会」を撃つことである。そして「生産者中心型社会」の背後にあるのは現代独占資本体制である。

コスト主義を貫徹させるのが現代の独占あるいは寡占の経済体制である。自動車、電機、鉄鋼、あるいは金融を例にとるまでもなく、きわめて少数の企業が各業界の指導権を握り、日本経済を動かしていく。日本の企業は製造業からサービス業まで含めて四百三十万あるが、証券市場への上場会社は千五百社である。現実の経済を左右しているのはこの千五百社である。（中略）

利潤を追求する企業は、自己にとってむだな競争を避けようとする。価格を競争するよりも相互の協定で生産量を調整したほうがより高い利潤を得られる。群小無数の企業間では協定は不可能だが、少数の巨大企業となると協定は容易である。端的に現われるのが価格の協定であり、協定した価格を消費者に押し付ける。コスト主義は独占、寡占の機構によって補強され、貫徹していく。

これらの「独占、寡占の機構」は、価格破壊を許容しない官僚システムと法律体系によって保護されている。中内㓛はこの「生産者中心型社会」の「コスト主義」に対して、消費者の「バリュー主義」を提起する。

バリュー主義は、消費者が求めるバリュー（価値）を基礎にする。従来の、そして現在のほとんどの企業はコスト主義で染められている。物の価格を決めるのに、コスト（費用）がいくらかかるから売価をいくらにするというのがコスト主義であり、ここでは消費者は無視されている。バリュー主義では、その商品に消費者が求める価値を基準にして売価が設定され、コストは無視される。

このように「バリュー主義では、その商品に消費者が求める価値を基準にして売価が設定され」ることによって、「生産者中心型社会」の「コスト主義」は破壊される。「コスト主義」から「バリュー主義」への転換はそのまま「現代の独占あるいは寡占の経済体制」を撃つことでもある。そして消費者のニーズを基盤とし、販売価格の設定に「バリュー主義」をとることで、従来の一般的な小売商業の概念は否定され、小売商業の自立が宣言される。

商業が受動的であるとする規定、あるいは商人性悪説、いずれも生産者社会のなかで構成された誤りと偏見である。商品の循環過程において価値が実現するのは、小売店の店頭であり、この流通業者からの情報をもとに生産者はニーズのある商品をつくる。この過程をみれば、商業は生産された商品を引き渡す受動的なものという規定が、物事の一面しかとらえていないことがわかる。価値を増殖するという点では、生産者と対等の立場にある。一つの商品を生産するのに、流通業者は情報を提供し、生産業者は物理的な力を提供するという分業の関係である。

自立した小売業者とは「商品の循環過程において価値が実現する」ことができる「流通業者」であり、「生産者」に商品の「価値を増殖する」という「情報を提供」することで、「生産者と対等な立場」におかれることになる。そのためには「流通業者」としての技術革新がなされなければならない。その形態がスーパーなのである。

スーパーは、大量生産される生活必需品をセルフサービスで大量に売る。大量に売るためには企業の全活動が計画的でなければならない。計画性を体質とする企業はチェーン方式をとる。小売業は商圏に限界があるだけに、巨大店舗でも単独店だとなにかの機会に売り上げが激減するおそれがあるが、チェーン方式によって各地に分散していると、危険は分散され、計画を進めやすい。さらに大量に売るためには、大多数の消費者が欲する品だけに限定していく。これをわれわれは単品と呼んでいる。チェーンであれば、店に応じて単品も選びやすい。大量――計画性――単品が結びつけられて、大規模の利点がより実現されていく。これが現在のビッグストアであり、工業の分野でいわれてきた標準化、単純化、専門化に照応するものである。

大売り店の利益の源泉は、このマーチャンダイジング技術であり、真の販売力を資産化することである。それは有利な仕入れ↓低価格の大量販売↓商品の高速回転↓現金回収↓より有利な仕入れというダイナミックな資本の自己運動によってもたらされるものである。

チェーン店の増大は、スーパーの宿命的ともいえる自己運動であり、自己運動の高まりがスーパーをより強大にしていく。より強大な販売力は、チェーン増殖の自己運動の力となるという循環が繰り返されていく。

中内㓛の『わが安売り哲学』のこれらの記述は、十九世紀の世界最初のデパート、ボン・マルシェを創ったアリスティッド・ブシコーをモデルとしたエミール・ゾラの『ボヌール・デ・ダーム百貨店』のなかで主人公がいうデパート哲学に酷似している。十九世紀のデパートの出現もまた「有利な仕入れ↓低価格の大量販売↓商品の高速回転↓現金回収↓より有利な仕入れというダイナミックな資本の自己運動」という流通革命であった。しかしデパートとスーパーが異なるのは、スーパーが「チェーン店の増大」という「宿命的ともいえる自己運動」を内包する流通革命として出現したことであり、これがチェーンストア理論となり、ロードサイドビジネスの増殖化へと継承されるのである。

こうした流通革命を経て、新しく建設される社会とはなにか。それは「消費者主権の社会」である。

ダイエー憲法がめざすところは、消費者のための企業である。企業という企業が言葉の真の意味で消費者のために存在したとき、消費者社会が実現する。消費者主権の社会である。ダイエーが目標とするのは、消費者主権の確立された社会である。

流通業者の基盤は顧客としての消費者である。流通業者が設定する価格は、消費者がその商品に感じる需要度に応じたものである。流通業者の決める価格は、その根源では消費者が決めているのだ。現実には消費者は組織化されずに無数に分散しているから、消費者に信任された流通業者が消費者に代行して価格を設定する形をとる。つまり生産者が決定した価格にとって代わるものは、消費者の価格であり、生産者社会に代わって消費者社会が登場する。消費者主権の確立、すなわち「安全であることの権利」「知らせられる権利」「選択できる権利」「意志が反映されるべき権利」の完全な行使である。

この流通革命は「消費者によって信任された流通業者」のほかにだれが加わるか。

流通革命統一戦線の同盟軍は、消費者、流通業者、中小メーカー三者によって構成される。同盟軍に参加する消費者は、自分の財布から金を出し、毎日、一円でも安い買物をしようとする大衆である。決して有閑マダムの集まりではない。過去の歴史に登場したように米騒動を起こしてでも、自分たちの生活防衛を図ったギリギリの時点で生活向上を求めている階層である。

（同書）

かくして流通革命のメンバーは揃い、それはプロレタリア革命に擬せられていく。

流通革命をプロレタリア革命に擬するなら、消費者、量販店はプロレタリアートであり、中小メーカーはブルジョアジーの一角を構成している。中小メーカーは本来ならばプロレタリアートたる消費者、量販店に敵対する階層であるが、寡占化の進展はブルジョアジー陣営に内部矛盾を起こし、民主主義革命において、中小メーカーは同盟軍に参加し得る条件にある。中小メーカーは同盟軍に参加するとはいえ、最後まで同盟軍の一員であるか否かの保証はない。本質的にそうなのだ。

それゆえ、ソビエトの指導権は、消費者と消費者から信任状を得た革新的流通業者が握るべきである。消費者と量販店との間にも内部矛盾は存在する。両者の間は、消費者主権をめざす相互の信頼によって成立しているが、売手と買手という立場の相違は動かしがたい。内部矛盾は消費者主権を原則にして、双方の徹底的な討議によって止揚されていかねばならない。

来たるべき消費社会のプロレタリアートが消費者にほかならないことが告げられている。そして皮肉なことに豊かな消費社会になればなるほど、消費者というプロレタリアートが厖大に誕生していくという背理を物語っているようにも思える。

このようにして実現される「消費者主権の社会」とは、それまでの日本社会が経験したことのないものであり、流動のテンポは激しく、過去のマニュアルが通用しない社会である。そして「よい品をどんどん安く売る」という理念のもとに、消費者の動向と並走することで、現実を直視し、そこから商売の法則を発見するという絶えざる自己革新が必要とされる。

われわれにとっては事実以外に勉強する教師はない。権威とか、人かどう言ったとかということより、自分で事実を見て、そこから商売の一つの法則を見つけてくる。そういう意味で事実は消費者のなかにある。私の考えでは、消費者は普遍妥当性を持っており、普遍妥当性を持ったものはロゴスで神の声、神の声は消費者の声。だから消費者の変化、消費者自体の位置をみきわめることがあらゆる場合に欠かせない。消費者の行動をわれわれが謙虚な目で見、じかにくみ取ったもの以外には値打ちがないと考えている。

ここでは消費者は神ともなる。「神の声は消費者の声」だ。消費社会においては消費者がプロレタリアートであると同時に神なのだ。それゆえにこそ、プロレタリアートと神の顔をあわせもつ消費者の位相も批判されなければならない。自立した消費者の存在なくしては流通革命は不可能であるし、「消費者主権の社会」へ到達することができないと考えられるからだ。

賢い消費者もふえてはきたが、まだ盲目的に買物する消費者が圧倒的に多い。値段が高ければ、品質がよいのだという錯覚におちいっている消費者、いい会社と宣伝されているところの製品ならレッテルだけで買ってしまう消費者、商品知識にあまりに無知な消費者、そして大切な買物を無計画にしてしまう消費者……この人たちが物価を上げてしまう。われわれは、値段と品質をよく見て買いましょうと呼びかけるのだが、呼びかけは耳に入れず、論理的な判断はせず、感覚的に買物をしてしまう消費者があまりにも多過ぎる。消費者はもっとめざめる必要がある。めざめて、消費者の生活を守る革新的スーパーを育てる義務がある。それが物価上昇から自分たちを守る道であり、消費者主権の社会へつながる道である。（中

略)

〝消費者は王様〟とおだてながら、その裏で消費者に正しい行動を起こさせまいとしている〝浪費をつくる人びと〟。消費者を眠らせている存在にメスを入れねばならない。購買段階における行動と同時に、毎日の消費生活の内容を改めて考えることが必要である。消費者は物価が高い、収入がふえないと言いながら、ほんとうに合理的な生活をしているだろうかと。

この『わが安売り哲学』は、内容のボルテージの高さに比べて、あまりにも通俗的で紋切り型のタイトルであるため、流通業界、ビジネス業界の人々を除いて、一般の読者にどれほど読まれたかはわからない。まして一般の、それこそ消費者には読まれることはなかっただろうし、書物として言及されることもなかったと思われる。

しかしこのようにその「哲学」に焦点をあててみると、現在の消費社会の問題がすべて提示されてしまっている。同様にスーパーの経営者であった、西友ストアの堤清二の『変革の透視図』や現にサミットストアの経営者である安土敏の『日本スーパーマーケット原論』にみられる冷静な語り口と堅固な構成力は、この『わが安売り哲学』にはみられない。内容も錯綜しているし、くりかえしも多く、文体も統一されていない。しかし堤清二や安土敏にはない流通革命へのパトスに溢れている。堤清二や安土敏がさまざまな資料をもとに、流通戦争の正規の指揮官として、流通産業を分析しているのに比べて、中内㓛は流通革命のゲリラ戦の隊長として、スーパーという主戦場に身をおき、その戦いの様相を報告しているかのようだ。その行動性と流動性がこの『わが安売り哲学』を特異な書物にしている。

出版されたのは一九六九年、日本経済新聞社から刊行されている。そこではマルクス主義の用語が使用され、毛沢東の大長征がしばしば言及される。そして主題は流通革命であり、それはちょうど学生反乱の時代と交錯しているかのようだ。だが残念なことにそのラディカリズムの体現において、中内功のほうがはるかに深く、来たるべき消費社会を幻視していたといってよいだろう。

消費者主権、規制緩和、情報開示、官僚制度批判、『わが安売り哲学』で提起されたこれらのすべては、消費社会の進行によって消費者へと権力が移行していかざるをえない宿命をいち早く告知していた。つまり、現在の国民総生産の六〇％以上が個人消費に支えられているという消費者国家のあり方を示したともいえる。

中内功の示した「消費者主権の社会」とは、とりあえずは「消費者と消費者から信任状を得た革新的流通業者」によってになわれる。しかし「売手と買手という立場の相違は動かしがたい」。それゆえにこそ「内部矛盾は消費者主権を原則にして、双方の徹底的な討議によって止揚されていかねばならない」のだ。このことは、「消費者主権の社会」のとりあえずの主導権を握った「革新的流通業者」も売手であるため、買手たる消費者の支持を得なければたちまち主導権を失うということを意味する。とすればこの主導権は、日々の消費者の買物という直接投票によってリコールされる危険性を孕んだものとなり、それを回避するためには、絶えざる自己革新によって、消費者の主権に沿うようにして企業活動をはからざるをえないということだ。

中内㓛によって、このように提起された流通革命とは、消費社会のなかにあるスーパーに現在の消費者国家とでもいうべき祖型を発見し、来たるべき消費者国家のあり方の見取り図を描いていたといっていいだろう。

中内㓛はこのスーパーに代表される流通業と消費者主権の思想をどこで発見したのか。それはロードサイドビジネス創業者たちと同様、やはりアメリカにおいてであった。

一九六二年、中内㓛はシカゴで開催された全米スーパーマーケット協会の創立二十五周年記念式典に日本代表として参加した。そして、ときの大統領J・F・ケネディのメッセージに感動し、自分の残る人生をスーパーに賭ける決心をした。そのときの感動を『わが安売り哲学』のなかで次のように書いている。


メッセージのなかで、ケネディは、米国とソ連の差はスーパーマーケットがあるかないかであると強調し、マンパワー一時間で買えるバスケットの中身の違いこそが米ソの違いであると説いた。格調高いメッセージは、スーパーマーケットによるMass Merchandise Method（大量商品開発方式）こそが米国の豊かな消費生活を支えていること、そして、スーパーマーケットを通じて豊かさが実現されていく社会こそ全国民が願い求める社会であることを、重ねて強調し、スーパーマーケットの将来を祝福した。ケネディ大統領の自信あふれる展望に、私は自分がなすべきことを諄々と教えられるような気持ちになっていた。メッセージの一語一語で目の前が開けていく感じで、心のなかで「これだ。自分が進むべき道は」という思いをかみしめた。涙の出るような感動の一瞬だった。

『For the customers　ダイエーグループ35年の記録』というダイエーの社史によれば、一九六二年ダイエーはすでに店舗数七店、社員千人、売上高百億円を突破していた。そしてこの訪米を機として、さらなるチェーンストア理論の実践を推進し、その結果、エリア、規模、商品が拡大化される。七〇年には株式上場、七二年には売上高三千億円を達成し、三越をぬき売上高日本一となる。八〇年には売上高で小売業初の一兆円を達成する。四半世紀たらずで、従業員十三人から一万七千二百六十八人、店舗数は百六十九、売上高は一兆円に達し、戦後の消費社会の進行とともに、スーパーというアメリカで発明された小売業がいかに急成長したかを物語るものである。

それはまた日本の消費者が、スーパーの「有利な仕入れ↓低価格の大量販売↓商品の高速回転↓現金回収↓より有利な仕入れ」という「ダイナミックな資本の自己運動」にまきこまれていく過程でもあった。消費者はその過程でしだいにアメリカ的生活様式を無意識に身につけた存在となり、「マンパワー一時間で買えるバスケットの中身」もアメリカ的商品へと転換して、生活の画一化・均一化が進行し、生活の内部へと沈潜していく。

しかしその一方で、戦後日本の第三次産業の発展において、中内功の流通革命論と消費者主権論は強烈なインパクトをもたらしたと考えられる。そしてまたドラッグストアという「小さな物語」をスーパーという「大きな物語」へと造型したダイナミズムは、レストランを外食産業に、洋服店を紳士服産業に、ハンバーガーをファーストフード産業に成長させたロードサイドビジネスの創業者たちに継承される。それにロードサイドビジネスもまたスーパーから発生し、落とし子のような存在である。すかいらーくの前身はスーパーであったし、青山商事もまたダイエーなどのスーパーにテナントとして出店していたし、セブン‐イレブンの親会社はイトーヨーカ堂である。そしてロードサイドビジネス創業者たちも、中内功がアメリカでスーパーを発見したように、アメリカでその祖型を見いだす。

彼らばかりではない。すかいらーくとロイヤルをモデルとした城山三郎の『外食王の飢え』で、主人公に擬せられるロイヤルの江頭匡一は、基地に出入りし、「敗戦直後からアメリカかぶれで（中略）、アメリカのレストラン王ハワード・ジョンソン氏の伝記を読んで飲食業を志した」（「ファミリー・レストラン」『モノ誕生「いまの生活」』所収）といっているし、マクドナルドの藤田田もまたGHQの元通訳であり、これらのスーパーに始まる戦後日本の第三次産業は、すべてがアメリカからやってきたことを示している。

高度成長期におけるテレビ、電気洗濯機、電気冷蔵庫といった耐久消費財の出現もまたアメリカにその起源を求めることができ、モノのアメリカ化であった。そしてそれらの出現と並行して、スーパーによって大量販売される大量生産の日常品にとりかこまれていく。さらに日本住宅公団によって大量供給された住居。このようにして生活自体がアメリカの影に覆われていく。アメリカの影はダイエーが成長したように、その「エリア、規模、商品」を拡大する。「エリア」とは郊外であり、「規模」とは団地からマイホームへであり、「商品」とは自動車でもある。それにつれてさまざまなロードサイドビジネスが発生していく。「小売業が発展していく過程は、米国も日本も変わりはない。米国で起きたことは、日本でも起こる」（中内㓛『わが安売り哲学』）。だが、そこで輸入されたのはビジネスの形態だけではない。同時にシステム自体も模倣されたのであり、それがスーパーのみならず、ロードサイドビジネスを産業へと押しあげたのである。そのシステムとは、セブン‐イレブンの創業者がアメリカで「何かシステムがあるはずだ」と考えたものであり、中内㓛が『わが安売り哲学』で少しだけふれていた「標準化、単純化、専門化」をさしている。

そのモデルケースとして、実際にサミットストアの経営者である安土敏の書いた『小説スーパーマーケット』に具体的なかたちで示されているので、その部分を引用してみよう。銀行からスーパーに転職した主人公の香嶋は、転職先のスーパーの前近代性を改革して、肉、魚、野菜の生鮮三品を中心にした消費者の毎日の食事の材料や惣菜を提供する本格的スーパーの実現を構想する。そして先行するモデル店を見学して、その売り場は素晴らしいが、それは人手をかけていて、人海戦術への依存度が高いようにみえた。香嶋は次のように考える。

ＩＥ的なものの考え方をとり入れたら、もっと効率がよくなるのではないか、という考えが突然香嶋の脳裡をかすめた。

ＩＥは、インダストリアル・エンジニアリングの略で、テーラー（アメリカの技術者。科学的管理法の創始者）の科学的管理法の流れを汲む経営管理思想ならびに技法の総称のことである。生産や作業の設計や改良に、工学的分析方法、数学、自然科学、実証的な社会科学などの専門知識を応用していこうというものだ。生産会社においては、ＩＥは、ごく当り前の考え方として定着し、実効を挙げている。だが、小売業では、まだその段階に至っていない。

そして、職人依存による肉や魚の加工や販売に関して批判的な眼差しをおくる。チェーン展開と職人の存在の矛盾、職人の限界をみるのである。したがって、スーパーの大量仕入、大量販売の循環のなかで、あくまで個としての技術の持ち主である「職人を追放する必要がある」と考えるに至る。

もしそうだとしたら、店舗数が増加していけば、スーパー万来は管理不能に陥るはずである。職人依存の技術は、いかに優れていても管理の対象にはならない。何百人の職人の御機嫌をとりながら運営する大スーパーマーケットチェーンなどというものは存在しえない。

チェーン化のためには、職人を追放する必要がある。職人を追放して、なお、職人の持っている技術を残すこと、それは、IE的なものの考え方を適用することによって、はじめて可能になるはずだ。

スーパー万来は、おそらく日本で最もすぐれた売場を有するスーパーマーケットであろう。だがそれは、腕のいい職人の技術の上に成立している優越性である。この優越性は店舗の数が六店舗という現段階では、一応問題はないが、店舗数の増加にともなって、やがては消滅し去るであろう。だから、もしIE的な考え方を用いて、スーパー万来の高い技術水準を、客観的に標準化された技術体系としてとり入れることができれば、石栄ストアは、高い技術水準と多店舗運営《チェーンオペレーション》を両立させることのできる唯一のスーパーマーケットになる。つまり、日本一のスーパーマーケットチェーンになる。

「職人を追放」し、「IE的なものの考え方」を適用することとはどういうことか。香嶋は語る。

「スーパーマーケットをチェーン化するためには、生鮮食品の取扱いの標準化をはじめ無数の技術体系《ノウハウ》が必要です。（中略）スーパーマーケットチェーンのノウハウは、生産会社のノウハウのように設計図に書けばよいというものではありません。生産会社の設計図に相当する数多くのマニュアルが必要になりますが、マニュアルがあればそれでオーケーというわけにはいかないのです。肉、魚、野菜、果物、加工食品、惣菜、雑貨等の商品毎にマニュアルが作られ、その内容がすべての社員に受入れられ、管理者や経営者も又その内容に精通している。そして、会社全体が複雑な構築物にも似た技術の全体系を維持し改善し続けねばならないのです。（中略）商品部、店舗、開発部門（たとえば、店舗を設計建設する部門や能力開発部門などですが）そして非営業部門のすべてが同じ思想の下に一糸乱れず動かねばなりません。それはあたかも発達した高等動物のような一種の有機体です。しかも生物的有機体とは異なり、一つ一つの細胞が、感情と意思を持った人間によって構成されているから難しいのです」

ここで語られていることとは、中内㓛の「スーパーは、大量生産される生活必需品をセルフサービスで大量に売る」という言葉に象徴されるような大量仕入、大量販売といった仕入販売技術ばかりでなく、スーパーがチェーン化していく過程で、「無数の技術体系《ノウハウ》」や「マニュアル」といったシステムが導入されて、「チェーン増殖の自己運動」が循環するということだ。すべての部門がシステム化されること、それはスーパーの店舗と組織が、生産会社の工場のようにＩＥ化されることを意味している。そのためにはまず「職人を追放」し、それにかわって「客観的に標準化された技術体系」にそった「マニュアル」によってスーパーは運営されなければならない。パート・アルバイト社会がすぐそこまできている。

この思想は小売業の近代化とでもいうべきものであり、個の営みとしての町の商店の不可能性を明示している。そして職人の否定とは、日本文化の根幹である民間技術の歴史と伝承を拒否することになる。つまり、日本文化のシステムである職人が追放され、かわりにアメリカのシステムであるＩＥが登場することになる。このＩＥ、インダストリアル・エンジニアリングの導入によって、小売業はたしかに産業となるだろうが、そこから発生するのは、もはや日本の従来の文化とは異なったものであろう。ちなみにＩＥの元祖であるＦ・Ｗ・テーラーの『科学的管理法』が翻訳されたのは、中内㓛の『わが安売り哲学』刊行と同年の一九六九年であった。

そしてこの「職人を追放」するＩＥのシステムは、スーパーからロードサイドビジネスへと受け継がれていく。

ファミリーレストラン、すかいらーくの場合。それはまずセントラルキッチン・システムとして現れる。

茅野たちは「大規模なチェーン展開を進めるには、セントラルキッチン・システムしかない」と考えていた。四十五年に開催された大阪万国博で、九州最大のレストランチェーン、ロイヤルが一カ所の工場で調理、加工、冷凍して車でレストランへ配給するシステムを導入、大成功を収めたことに注目していた。（『いらっしゃいませ　すかいらーく25年のあゆみ』）

先行するロイヤルについで、一九七七年にすかいらーくは世界一の供給能力をもつセントラルキッチンを完成させる。集中加工、流通、商品開発の機能を有し、年間一億食の供給能力をもつ。食材は一括してこのセントラルキッチンに集められ、一次加工して各店舗へと配達される。これは、外食産業もまた生産会社の工場のようになることによって、それが可能になったのである。

さらにマニュアル化の進行。

このころはまた、店の増加に人の育成がついていかなくなってきた時期だった。そこで営業常務だった横川竟は本部にいた岩波修司に「店に行き、マニュアルを守っているかどうかチェックするように」と命じた。一にマニュアル、二にマニュアル、三にマニュアル、四にマニュアル、五がなくて六に技術ということだ。

新店舗オープンにともない採用された人たちは、マニュアルという言葉さえ知らない。しかし、そうした人たちに標準化された仕事をしてもらわなくては、今後の急速出店が実現できない。マニュアルを本当に理解してもらい、実行してもらう。それができないと、店舗はできても、営業できない。

マニュアル違反の指摘は、嫌な仕事だったと岩波修司はいう。たとえば、付け合わせのほうれん草の量を見て「マニュアルでは三〇グラムです。これはおそらく三五か四〇グラムあるでしょう。多すぎます」と、店に行って指摘する。

また、注文した料理を持って来て、「失礼します」と言われると「失礼します、ではありません。マニュアルでは〝お待たせしました〟です」とやる。感じがいいかどうかではなくて、マニュアルどおりの言葉を使っているか、マニュアルどおりの商品が出てくるかだけを見る仕事だった。

「マニュアルどおりにやればいい」ということの善し悪しは別にして、標準化することは、これでたしかにできた。そして、急速な出店、標準化されたサービス、ポピュラープライスは、すかいらーくの評判を高めた。

大量仕入、大量生産を可能にするセントラルキッチンでの食材の一次加工、そしてそれらはチェーン化によって増加した各店舗へ配送され大量消費される。その大量消費の現場である店舗はマニュアルによって管理・運営されることになる。このセントラルキッチンとマニュアルの存在がすかいらーくの成功の原動力であった。そして「一にマニュアル、二にマニュアル、三にマニュアル、四にマニュアル、五がなくて六に技術ということ」は、すでに職人が完全に追放された状態を示している。このファミリーレストラン、すかいらーくに代表されるシステムは、当然のことながら、ハンバーガーなどのファーストフード業界にも共通するものである。

それならばコンビニエンスストアの場合はどうだろうか。コンビニエンスストアとは、セブン-イレブンによって次のように定義されている。

コンビニエンスストアは一言でいえば、便利性を売るのである。そのためにお客の便利性のニーズを満たす品物を、あらゆる分野にわたってそろえることになる。（中略）

便利性を売るのであるから、たとえば夜遅く電気のヒューズが切れたら、電気店はもう閉店していてもコンビニエンスストアにはある。不意に知人に不幸があったときでも、コンビニエンスストアに行けば間にあう。客人が急に泊まることになっても、コンビニエンスストアには下着、靴下なども置いてある。雑誌とか文庫が読みたくなれば、それもコンビニエンスストアにある。（『セブン-イレブン・ジャパン　終わりなきイノベーション　1973-1991』）

そして次のようにもいっている。

こうした品ぞろえをしているコンビニエンスストアの存在は、人びとの可処分時間を増やすことにつながる。だれしも1日の時間は24時間しかないのである。睡眠時間を除けばさらに少なくなる。その貴重な一日の時間の中で、たとえば主婦あるいは独身所帯の人が、コンビニエンスストアの米飯・調理品によって調理のために費やす時間が減れば、それだけ自由裁量の時間が増える。車がわれわれの行動半径を広げたように、コンビニエンスストアはわれわれの自由裁量時間を増やすのである。

この部分は、マクドナルドが「クイック・サービス・レストラン」と称しているのと重なるものである。コンビニエンスストアは便利性とともに時間をも販売するといっているのだ。そして、スーパーとは桁違いに増殖した全国のチェーン店から集められる厖大な販売情報を管理することによって、情報産業と化すのである。

お客の立場に立って発想し、そのニーズにこたえて便宜性（時間、場所、品ぞろえ等）を提供するという「コンビニエンス」のコンセプトに基づいて、当社は一貫してその経営ノウハウと運営システムの効率化を追求してきた。

コンビニエンスストア経営ノウハウの武器は、全加盟店の取引データを分析した情報である。また、差別化・異質化をもたらす商品開発を可能にするのも情報力である。

そして、セブン‐イレブンのフランチャイズビジネス運営システムの構築は、これまでの諸章でみてきたとおり、きわめて多岐にわたる困難を克服することなしには達成できず、当社はいまなおその途上にあるといってよい。核心をなすのは加盟店、ベンダー、本部の深いかかわり合いであり、またその三者の間でやりとりされる膨大な情報をいかに効率的に処理・活用し、トータルなシステムとしての最適化を図っていくかということである。

この基本的な考え方が、当社を必然的に情報システム産業とし、その情報力と運営システムが現在まで四、〇〇〇店を超えるに至ったセブン‐イレブンチェーンの商流と物流を支えてきた。


このコンビニエンスストアの位相には、スーパーから始まった流通業の大いなる進化と成熟がみてとれる。中内㓛の提起した流通革命は、大量仕入、大量販売によって生産者から価格決定権を奪うということに力点がおかれ、「バリュー主義」に示されるように、あくまでモノの価格をめぐるものであった。しかしコンビニエンスストアにいたっては、価格は主題となっていない。価格にかわるものとして、「全加盟店の取引データを分析した情報」があり、すでに流通業が「情報システム産業」に変容している。

そこには、流通業の進化と成熟ばかりではなく、一九七〇年代前半に新しく登場してきたコンビニエンスストアにおける消費社会の成熟度が表出している。「消費者主権の社会」がより膨張して出現しているのである。モノだけを売るのではなく、「便宜性（時間、場所、品ぞろえ等）」を売るのであり、そこから発生する販売情報の管理によって、商品を開発することを可能とする「情報システム産業」というコンセプトが導入され、コンビニエンスストアのシステムは構築されているのだ。

中内㓛のいう「消費者の変化、消費者自体の位置をみきわめること」という事実を徹底的に実践したシステムがコンビニエンスストアの位相となる。そしてそれを可能にしたのがPOSシステム（販売時点情報管理システム）に代表されるコンピューターによる情報物流システムなのである。

安土敏の『小説スーパーマーケット』ではIEは語られても、まだコンピューターによるシステムについては言及されていなかった。それにスーパーのチェーン化がマニュアルによって展開されなければならないと主張されてはいたが、あくまで「一つ一つの細胞が、感情と意思を持った人間によって構築される」ことを前提としていた。だがもはや中心に存在するのは人間ではない。コンピューターによって収集され分析された情報によって構築されたシステムなのだ。そのシステムのなかでの商品は必然的に大量消費されるものに集中し、職人が追放されたように少量生産、少量販売の商品は排除されることになる。そしてこの情報のシステムは大量生産、大量販売、大量消費のシステムの代名詞であり、そのめまぐるしい循環のなかへと消費者をまきこんでいく。

ファミリーレストランから始まったロードサイドビジネスは、消費者を均一化・画一化された商品のシステムの世界へと送り出した。と同時に日本の郊外の風景も同じようなものとなり、アメリカ的風景が出現した。その風景を支えているのがアメリカからやってきたシステムであり、すべてがアメリカ化してしまった。自動車、郊外、食事、衣服、住居、風景、日本人がアメリカ人になっていったのが一九八〇年代だった。マクドナルドの藤田田はマクドナルドを始めた動機について次のように述べている。

『日本マクドナルド社』という会社を作り、そこの社長に就任したわけだが、この会社はアメリカ最大のハンバーガー・メーカーのマクドナルド社と提携して、日本人にハンバーガーを安く食べさせようという会社である。

日本人は総体的にたんぱく質のとり方が少ない。だから、背は低いし、体力がない。国際的な競争に打ち勝つには、まず体力からつくらなければならない。私がハンバーガーに手を出したのは、日本人の体質を変えようと思ったからでもある。

日本人が肉とパンとポテトのハンバーガーを、これから先、千年ほど食べ続けるならば、日本人も、色白の金髪人間になるはずだ。私は、ハンバーガーで日本人を金髪に改造するのだ。

（藤田田『ユダヤの商法』）

この発言が収められた藤田田の『ユダヤの商法』やマクドナルドの社史を読むと、彼が優れたビジネスマンであり、細心なリアリストであることがわかるが、こうした露悪的発言をその著書や言動に残している。しかし、戦後の日本人の潜在的欲望をこれほど大胆に発言した人物はほかにはいない。「日本人も、色白の金髪人間になる」ことが一九七〇年以後の日本社会の欲望ではなかったか。小島信夫の『アメリカン・スクール』に描かれた「天国の住人」になること、高度成長期を通じてモノの充足によって「天国」へは接近した。あとは「住人」になること、それは「色白の金髪人間になる」ことだ。同じころ、テレビのコマーシャルでは、チャールズ・ブロンソンやアラン・ドロンが男性化粧品やスーツの宣伝キャラクターとして登場していた。これもまた、化粧品やスーツで「日本人も、色白の金髪人間になる」ことを示唆していたのではなかったか。

それはまた藤田田の露悪的発言やテレビのコマーシャルの映像ばかりでなく、出版物のなかにも、「色白の金髪人間になる」思想は込められていた。それは暮しの手帖社から発売された『スポック博士の育児書』に象徴されている。アメリカ人の育児書ではないか。そしてそれがベストセラーになった背景には、子どもを日本人でなく、「色白の金髪人間に」したいという親の欲望が投影されていたのではなかったか。そしてその親たちとは郊外へと移り始めていた最初の戦後世代であったように思われる。一九九〇年代になって、藤田田の「ハンバーガーで日本人を金髪に改造する」という断言は、半ば達成されたのである。

藤田田は前述したようにＧＨＱの通訳であり、生島治郎の『日本ユダヤ教』のモデルともされている。さらに三島由紀夫の『青の時代』に描かれた光クラブの山崎晃嗣のスポンサーのひとりでもあり、同時に太宰治の友人でもあった。太宰治と最後に飲んだのは藤田田であり、その晩太宰治は心中した。

太宰治は一九四六年に発表された戯曲『春の枯葉』のなかで、主人公の国民学校教師に次のような歌をうたわせている。

あなたじゃ
ないのよ
あなたじゃ
ない
あなたを
待って
いたのじゃない

この戯曲の上演許可を求めて訪れた吉本隆明に、太宰治は「あなた」とはアメリカ占領軍のことだと語ったという。
だが日本の戦後社会は「あなた」を待っていた。それはアメリカ占領軍の背後にある消費社会、すなわちモノのめまいに魅惑されたのだ。だから「あなた」とは消費社会の謂《いい》となる。そして消費社会には新しいビジネスが眠っている。それを敏感に察知した人々は基地の内側へと入りこんでいく。佐野眞一の『戦国外食産業人物列伝』の伝えるところによれば、マクドナルドの藤田田

図表32　出生数および合計特殊出生率の推移

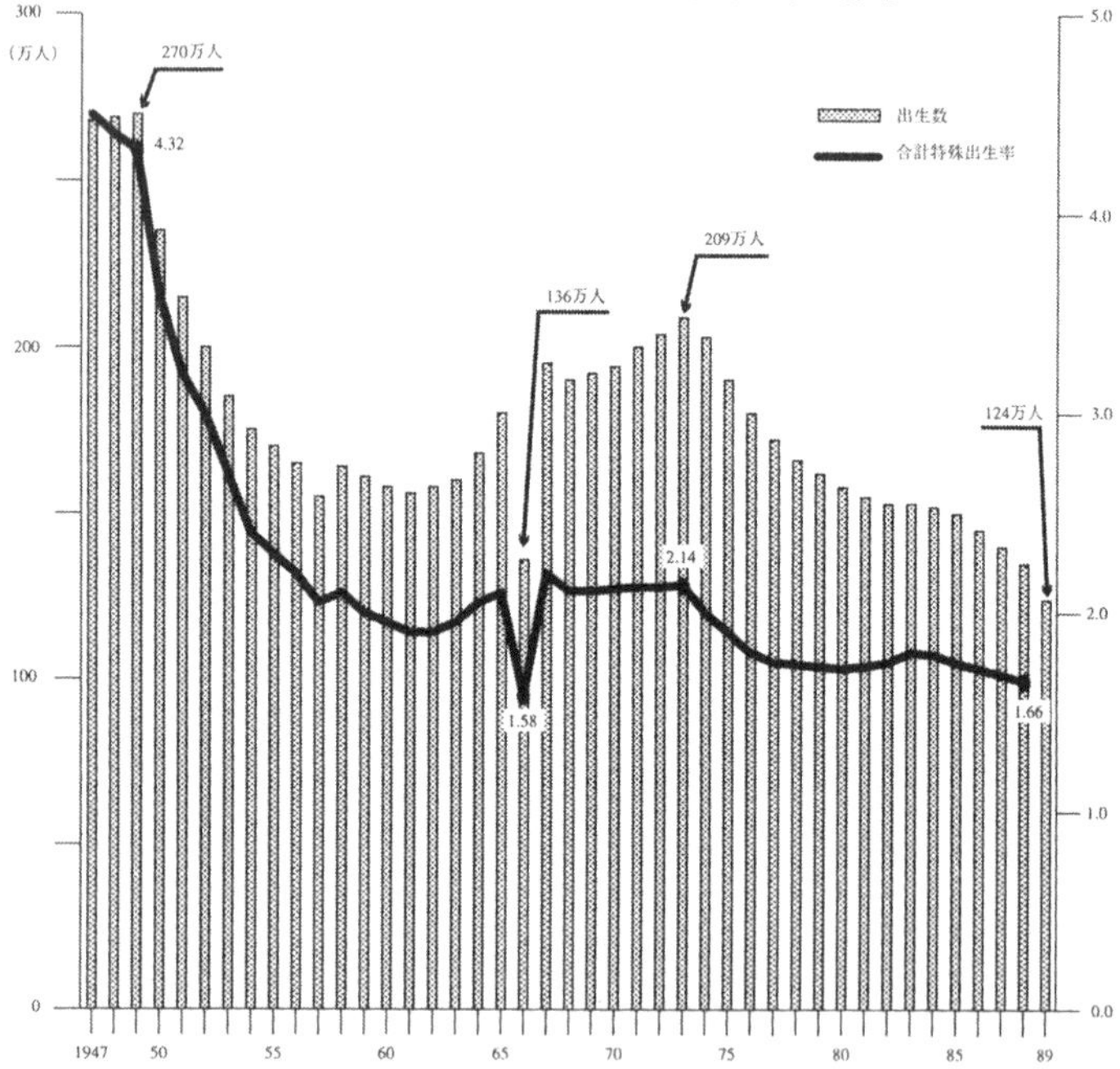


出典；『厚生白書』平成元年版

やロイヤルの江頭匡一は、基地に自由にモノを輸入できるSPS（スペシャリティ・ストア）の権利をもち、それを許可された業者は全国に六人しかいなかったという。そのうちの二人がロードサイドビジネスに参入していったのは偶然ではないだろう。

だが、彼らのファーストフードやファミリーレストランが登場してきたのが一九七〇年以降であるのはどうしてなのだろうか。もちろん自動車社会が成立していなかったこともあるが、それはイメージとしてのアメリカ的生活様式を受容する消費者の層が薄く、マス・イメージとなっていなかったと考えられる。システム化された大量生産、大量仕入、大量販売の向こうには大量の消費者が必要とされる。スーパーの大量消費者とは日用品を買う主婦だった。六〇年代のスーパーの成長にともなって主婦がまず大量消費者の列に加わった。モノの大量消費へと。そして七〇年代以降イメージの大量消費が始まる。そこにはおあつらえむきの大量の消費者が存在していた。すなわち団塊の世代を中心にして大量生産された占領下に生まれた子どもたち《オキュパイド・ジャパン・ベイビーズ》、七〇年代以降こそ、都市へと集中した彼らが成人し、就職し、結婚し、郊外で核家族の生活を営み始めた時期だった。一九四五年から五二年にかけての占領下に生まれた子どもたちの数は、四五年、四六年はデータがなく不明であるが、それ以後は、

一九四七年――二百六十八万人
一九四八年――二百六十八万人
一九四九年――二百七十万人
一九五〇年――二百三十四万人
一九五一年――二百十四万人
一九五二年――二百一万人

とつねに二百万人を超えている。現在の出生数が百二十万人を割り、一人の女性の産む子ども

の平均人数が一・四三人であることに比べれば、厖大な数の子どもたちが生まれたことになる。ちなみに四九年の産む子どもの平均人数は四・三二人であった【図表32】。

したがって一九四五、四六年の実数はつかめないが、それらを合計すれば約二千万人の子どもたちが占領下の日本で誕生したことになる。そして彼らは間違いなく、「大衆は天皇の『終戦』宣言をうなだれて、あるいは嬉しそうにきき、兵士たちは、米軍から無抵抗に武装を解除されて、三三五五、あるいは集団で、あれはてた郷土へかえっていった」(吉本隆明『丸山眞男論』)とされる大衆や兵士たちを親として占領下に生まれたのだ。

なによりも敗戦は日本がアメリカ化していく始まりだった。三カ月たらずのあいだに三百万部売れたという戦後初めてのベストセラー『日米会話手帳』。ラジオからは、政治、産業、マスコミ、家庭、学校などあらゆる側面からアメリカ事情を紹介する「アメリカ便り」が放送された。当然のことながら、出版も放送も新聞も、占領下の検閲下にあり、メディアの空間も「隅から隅まで占領されて」(太宰治『冬の花火』)いたのである。そうしたメディア界の事情について『放送五十年史』(日本放送協会編)は次のように書いている。

占領統治の結果、日本人の間には、政治、経済の面のみならず、精神的に、文化的にアメリカに依存し心酔する傾向が強まっていた。ジャズがはんらんし、ハリウッド映画に観客が長蛇の列をつくり、『リーダーズ・ダイジェスト』日本語版(昭二一・五創刊)は百三十万部まで部数を伸ばした。貧しく、混乱した日本の実情と対比するとき〝豊かな自由の国〟アメリカは、いっそう日本人のあこがれをかき立てた。そうした中で、アメリカの文化と民主主義への賛美を基調とするこの番組の伝える情報は、広く人びとに受け入れられたのであった。

このように敗戦と占領によって、アメリカの色彩に覆われた戦後社会に生まれた最初の子どもたちは、アメリカにより学制改革された学校で民主主義を学び、モノが出現していく高度成長期とともに成長する。彼らにとってモノといえばなによりもテレビだった。テレビの画面とはヴァーチャルな郊外とでもいうべきものではなかっただろうか。テレビの出現による生活の変化を子どものころから体験したのもこの世代であり、テレビを中心として家族の生活や夜の時間が再編成された。そしてテレビのチャンネル数が増えるにしたがって、国産テレビ映画より安いアメリカテレビ映画が次々と放映されることになった。次の図表がその推移である【図表33】。

この図表の時期は、『放送五十年史』によれば、「アメリカテレビ映画全盛時代」とされ、西部劇を除いて、アメリカの消費社会の映像をつぎつぎと送り届けた。「ハイウェイ・パトロール」「サンセット77」「ペリー・メイスン」などの冒険・活劇、捜査もの。「パパは何でも知っている」「アイラブルーシー」などの郊外生活のドラマ。

『放送五十年史』は前者について次のように書いている。

図表33　アメリカTV映画（31〜41年）タイプ別放送本数の推移

| タイプ別＼年度 | 1956 | 57 | 58 | 59 | 60 | 61 | 62 | 63 | 64 | 65 | 66 |
|---|---|---|---|---|---|---|---|---|---|---|---|
| コメディー | 0 | 3 | 3 | 8 | 8 | 9 | 9 | 12 | 14 | 8 | 10 |
| 冒険・活劇 | 3 | 6 | 6 | 7 | 5 | 6 | 8 | 11 | 6 | 8 | 13 |
| ドラマ | 2 | 3 | 5 | 10 | 7 | 5 | 5 | 15 | 14 | 5 | 4 |
| 西部劇 | 2 | 4 | 4 | 8 | 11 | 13 | 4 | 6 | 2 | 3 | 3 |
| 捜査もの | 2 | 4 | 2 | 5 | 8 | 11 | 8 | 1 | 5 | 3 | 1 |
| ミュージカルバラエティー | 0 | 0 | 0 | 0 | 1 | 0 | 0 | 1 | 1 | 1 | 1 |
| 記録・スポーツ | 0 | 2 | 1 | 6 | 5 | 8 | 5 | 8 | 12 | 16 | 7 |
| （計） | 9 | 22 | 21 | 44 | 45 | 52 | 40 | 54 | 54 | 44 | 39 |

この数字にはマンガはふくまれていない。
出典；『放送五十年史』

スリラーアクションドラマとしてのこれら捜査もの番組の魅力は、事件解決のための筋の運びのほかに、主人公たちの生活様式の新しさがあった。彼らの多くは高級なマンションに住み、カッコいいスーツを着こなし、魅力的な車を乗り回す生活を送っていた。

　こうした主人公たちの快適な生活様式は、わが国における生活様式の洋風化の進行に刺激を与えた。さらに、そこに展開される世界が大衆の欲望を先取りしたものであったために、日本経済の高度成長を背景とした消費革命をますます強めるふんい気づくりをもしたといえる。

　テレビというものの出現は同時にアメリカの消費社会のイメージの表出でもあったことを、この文章は告げている。映像のなかの住居、衣服、自動車といった日本とはかけ離れた風景は、「快適な生活様式」として映り、高度成長期の「大衆の欲望」を促進する装置となる。基地のなかにあった「天国」が茶の間のテレビの映像に出現する。そしてこれらの「スリラーアクションドラマ」の隠れた主人公とは、「高級マンションに住み、カッコいいスーツを着こなし、魅力的な車を乗り回す生活」（傍点ママ）を可能にする都市の存在でもあった。
「ドラマ」に関しても、『放送五十年史』は次のようにふれている。

ゴールデンアワーにおけるアメリカテレビ映画の盛況は、若い人たちにアメリカ式生活様式の具体的イメージを与えた。また、外国テレビ映画に刺激されて登場した大型の国産ホームドラマは、高度成長時代の国民生活を背景とした〝マイホーム〟重視の傾向とあいまって、新しい庶民生活のモデルとなり、新しい生活様式の見本となったともいえよう。（中略）
これらのドラマでは、経済的に安定した中間層以上の家庭が舞台となり、そこには電気洗たく機、電気冷蔵庫、豪華な応接セットもあった。たびたび描かれる食事場面では、ダイニングキチンにテーブルといすがあり、台所には電化製品が調っていた。楽しく明るい日本のホームドラマは、一回ごとにその安定した家庭になんらかの問題やもめごとが生じるが、家族の信頼や理解、さらに愛情によってさざ波程度で円く収められる。そこにもまた、アメリカ的パタンによる家族民主主義が描かれていたといえよう。

アメリカテレビ映画を通じて、アメリカ的生活様式が「国産のホームドラマ」のなかに輸入されていくさまが描かれている。そして「国産のホームドラマ」の「電気洗たく機、電気冷蔵庫、豪華な応接セット」と「ダイニングキチンにテーブルといす」という映像は、来たるべき「マイホーム」のモデルともなり、「大衆の欲望」を喚起し、「新しい生活様式の見本」ともなる。それをみていた「若い人たち」とは、占領下に生まれた子どもたちにほかならない。

高度成長期の進行につれて、テレビの映像を通じて日本社会は均一化・画一化され、映像の体験がひとつの共同体の成立を促進する原動力となる。その共同体とはアメリカ的消費社会である。それは占領下に生まれた子どもたちの無意識に刷りこまれ、マス・イメージとしての生活様式を形成する。それは農耕社会の村を捨て、都市に出て、郊外にマイホームをもち、自動車に乗って生活を楽しむというイメージではなかったか。このマス・イメージの大量消費の始まりによって、一九七〇年代以後のロードサイドビジネスの成立が可能となったのである。「新しい生活様式」のマス・イメージが食の領域まで及んだとき、ハンバーガーを食べたり、ファミリーレストランに家族でハンバーグランチを食べにいくという行為が風俗として定着したのである。

ロードサイドビジネスの発生とは、大量生産された子どもたちが大量消費者へと転化していったことにその要因のひとつが求められ、そのマス・イメージが大量消費されるアメリカ的消費社会へと日本が移行したことの表出でもある。そしてそれらはすべてがアメリカに出自をもつため、アメリカ的消費社会のパロディ、パスティーシュ、シミュラクルのようなものとなる。大量生産、大量販売、大量消費の自己運動は、システム化によって支えられ、作動していく。

だが、こうした消費社会がなにをもたらすのかを、レイモンド・チャンドラーがすでに『長いお別れ』のなかで、登場人物に次のようにいわせていた。この小説は一九五四年、小島信夫の『アメリカン・スクール』と同年に発表されている。「天国」が外側からでなく、「住人」の口から語られている。

豊かな社会では、金がすべてであり、金でものをはかろうとする。金の力をコントロールすることはとても難しい。人間はいつだって金で動く動物だった。(中略)一般大衆は疲れているし、怯えている。疲れ、怯えている人間は理想を持つ余裕がないんだ。とりあえずは家族を養わなきゃならない。この時代にわれわれは社会と個人のモラルが恐るべく衰退したことを見てきている。生活者たちは品質の欠除に慣れっこになっているから彼らに品質を期待してもしょうがない。それに大量生産の時代に品質を求めることはできないし、望んでもいない。品質がよければ長持ちするからだ。それに代わるのが流行だ。いままであった様式をわざと時代遅れにさせようとする商業戦略の詐欺だよ。大量生産というものは、今年売ったものが一年後には流行遅れになるように思いこませないと来年は商品を売ることができない。われわれは世界で一番きれいな台所と一番光り輝いている浴室を持っている。しかし、アメリカの一般の主婦はきれいな台所で食べるに価する食事をつくることができない。光り輝いている浴室にはたいていの場合、脱臭剤、下剤、睡眠薬、それから美容産業とよばれているいかがわしい事業の商品陳列所となっている。われわれは世界で一番立派な装置をつくっているんだよ、マーロウ君。しかしその内実ときたらほとんどすべてがらくた《ジャンク》だ。

（私訳）

この小説を最初に読んだのは一九六〇年代の半ばだった。その後くりかえし何度も読んだが、この部分がリアリティをもっていることに気づいたのは八〇年代になってからだ。『長いお別れ』はハードボイルド小説であると同時にイギリスを出自とするチャンドラーが描いたアメリカ消費社会の物語だったのだ。それに私立探偵フィリップ・マーロウもまた郊外に住んでいた。

『長いお別れ』が発表された同年にアメリカで亡命ロシア人ウラジーミル・ナボコフの書いた『ロリータ』という小説が刊行された。これはロリータという少女といっしょに自動車でロードサイドのモーテルや店を転々とする中年男を主人公とした一種のロードサイドノベルである。この『ロリータ』のなかで、ナボコフは、アメリカの大量生産の商品とサブカルチャーに魅惑されるロリータについて、「広告は、まさに彼女のためにあるようなものだった。彼女は理想的な消費者だった。あらゆる愚劣なポスターの対象であり、主題だった」（大久保康雄訳、傍点引用者）と書いている。この小説がアメリカ消費社会の物語であることに気づいたのも八〇年代になってからだった。

そしてまた同様に、一九七〇年代前半にデイヴィッド・リースマンの『孤独な群衆』や『何のための豊かさ』、あるいは東京創元社の社会科学叢書に収められているW・H・ホワイトの『組織のなかの人間』やD・ブーアスティンの『幻影の時代』『過剰化社会』やC・W・ミルズの『ホワイト・カラー』を読んでいた。しかしその当時は郊外とか、自動車社会とか、郊外ショッピングセンターといったアメリカ社会の主題が日本の社会の現実とかけ離れているように思われた。実際には、これまで検証してきたように、これらの日本における萌芽はみられていたのではあるが。それにリースマン自身が『孤独な群衆』の初版の「日本語版への序文」で、「読者にこの本を別世界の物語として読んでほしい」（加藤秀俊訳）と書いていたのである。しかしロードサイドビジネスに象徴されるアメリカ的風景に覆われてしまった八〇年代以後、これらの書物を「別世界の物語」として読むことはできない。敗戦と占領から始まったアメリカ化はとうとうこんなところまできてしまったのだ。

# 第４章　郊外文学の発生

物哀しい風景だった。

しかし僕にいったい何を言うことができるだろう？　ここでは既に新しいルールの新しいゲームが始まっているのだ。誰にもそれを止めることなんてできない。

（村上春樹『羊をめぐる冒険』）


ロードサイドビジネスのある風景は、一九八〇年代を通じて確実に文学の世界へと投影され、小説のみならず、短歌や詩のなかにも表出していく。

たとえば、それらは、

ハンバーガーショップの席を
立ち上がるように男を捨ててしまおう

「元気でね」マクドナルドの片隅に
最後の手紙を書きあげており
（俵万智『サラダ記念日』）

といった八〇年代のベストセラーである俵万智の『サラダ記念日』や次のようなマイナーな詩のなかにも散見することができる。これはとても優れた現代詩と思われるので、少し長いが全文を引用する。

寒い夜
店員がひとりで
うなずいている
うなずいている
この店には
朝から誰も来ていない
表では革命が起きている

旗をひるがえし　凱旋する人々が
少しずつアスファルトに吸いこまれてゆくのを
悲しく目撃する前に
ビスケットの箱をきれいに並べなきゃいけない

剝がされたレタスの連係は断ち切らなきゃいけない

砂地の顔で
帰宅する兵士
〝あいててよかった〟と呟きながら
自動ドアを開け放したまま事切れても
店員の時給は五六〇円
明日は見慣れた給料袋を握りしめて
炎上するデパートへ
坂をころげ落ちてくるたくさんの果実
巧みにかわして
残酷な休日を駆けあがる

明日こそは旅に出ようと思うから
僕の部屋はもう罐詰でいっぱい
毎日毎日僕だけが
市街戦をすりぬけて

ゆきづまる暗渠をすりぬけて
罐詰を買いに来てるのに
〝床にこぼれ落ちる自分を嘘を
ぼんやり眺めているしかないのは
僕らだけではないはずだ〟
金属の声で訊ねたら
〝運命は当店では扱っておりません〟

いったい
いつ
何が燃えつきたのか
この街で
あちこちのショーケースで
閉店まぎわのセブンイレブン
僕らはすべて知らされていて
たったひとつだけ思い出せない

（引間徹「閉店まぎわのセブンイレブン」）

これらの短歌や詩のなかに表出するマクドナルドやセブン‐イレブンは、それらがすでに文学のトポスやメタファーと化していることを示している。一九八〇年代の日常生活の風景が確実にファーストフードやコンビニエンスストアによってとりかこまれていき、それらのある風景が成熟し、短歌や詩のなかにまで浸透し始めていることを、これらの短歌や詩は鮮やかに映し出している。

それならば、郊外の風景が文学のなかに出現し始めたのはいつのことであっただろうか。それは、郊外社会が生成されようとしていた一九六〇年代後半、団地の風景として出現した。安部公房の『燃えつきた地図』（六七年）である。

するとたちまち、風景が一変した。白く濁った空に、そのままつづいているような、白い直線の道。幅は目測で約十メートル。その両脇の歩道との間に、ちょうど膝《ひざ》くらいの高さの柵《さく》でかこまれた、枯芝の帯がつづいていて、その枯れ方が一様でないせいだろう、妙に遠近法が誇張され、じっさいには各階六戸、四階建ての棟が、左右にそれぞれ六棟ずつ並んでいるだけなのに、まるで模型にした無限大を見ているような錯覚におそわれる。建物の、道に面した部分だけが白く塗られ、わきをくすんだ緑で殺した、その色分けが、さらに風景の幾何学的な特徴をきわだたせているのかもしれない。この通りを軸に、団地は大きく両翼をひろげ、奥行きよりもむしろ幅のほうが広いらしいのだが、採光のためだろう、たがい違いにずらして建ててあるので、左右の見透しは、ただ乳色の天蓋《てんがい》を支える、白い壁面があるだけだ。

　誰も付添い人のいない、赤い乳母車の中で、頭からシーツをかぶった赤ん坊が、金切り声をあげて泣いている。銀色に光る変速機つきの軽合金自転車に乗った少年が、わざとらしい高笑いを投げつけながら、寒さに☒を染めてその傍を駈けぬける。見れば、けっこう、人通りもあるのだが、あまりにも焦点のはるかなこの風景の中では、人間のほうがかえって、架空の映像のようだ。もっとも、住み馴れてしまえば、立場は逆転してしまうのだろう。風景は、ますますはるかに、ほとんど存在しないほど透明になり、ネガから焼きつけられた画像のように、自分の姿だけが浮び上る。自分で自分の見分けがつけば、それで沢山なのだ。そっくり同じ人生の整理棚が、何百世帯並んでいようと、いずれ自分の家族たちの肖像画をとりまく、ガラスの額縁にすぎないのだから……

　失踪した男の調査を依頼された探偵が、男の住居である団地にその妻を訪れる冒頭の場面である。軽自動車に乗った探偵が団地のなかに入っていくと、異界のようにして団地の風景が出現する。「模型」のような「そっくり同じ人生の整理棚が、何百世帯並んでい」る風景。「この風景の中では、人間のほうがかえって、架空の映像のようだ」。この風景に到達するためには軽自動車によらなければならない。それはこの団地が交通の便の悪い郊外に位置していることを示している。郊外の団地と自動車の出会いが物語の始まりであり、郊外社会と自動車社会が成立していく過程を物語の視座としてその背景にすえているようにも思える。

『燃えつきた地図』の主人公である興信所員は郊外を捜査する探偵なのだ。「人間のほうがかえって、架空の映像のよう」な郊外という地図のなかを、理由も明らかでなく失踪した男を捜し求める探偵。手がかりは古いマッチ箱と顔写真一枚しかない。

失踪した男は根室洋という名前で、自動車整備士、無線通信士、電気熔接、危険物取扱いといった資格をもつ「免状気違い」であることが妻の口から語られる。探偵は妻にアルバムを見せてくれるように頼む。アルバムは《記憶の意味》と銘うたれ、そこには男の結婚前の写真はなく、大部分が妻のポートレートで占められている。「そんな写真にまじって、ごくまれに、『彼』との家庭の歴史を物語ってくれるもの」は、「どこかの田舎町」に「夫婦で、母の許をたずねた折の記念写真」だけである。母親は「タバコ屋をかねた雑貨店」を営んでいる。妻は早くに両親をなくし、弟と二人きりで育ち、夫婦のあいだに子どもはいない。根室洋は失踪前には大燃商事というプロパンガスの問屋の販売拡張課長であり、それ以前には大燃商事の代理店をやっていたという。

このように『燃えつきた地図』のなかで描かれる郊外の団地の住人である根室洋は、姓名は与えられていても、郊外の匿名的存在であり、失踪中であるために記号のように映る。「どこかの田舎町」の出身で、妻と二人で団地に暮らすサラリーマン。彼のアイデンティティは「免状」によって獲得される。おそらく田舎町から都市へと漂着し、結婚を機として団地生活に入ったのであろう典型的な郊外の住民なのだ。したがって失踪した根室洋は、膨張していく過程にあった郊外生活者の匿名性の象徴となり、郊外社会がすでに失踪を発生させる場所となったことを意味している。

探偵は失踪の手がかりを求めて大燃商事を訪ねる。大燃商事の「社長はおそらく農村出身の土地成金かなにかにちがいない。（中略）膨張しつづける都市の周辺では、一夜のうちに忽然と、畠のなかから市街地だって出現してみせてくれるのだ。社長の大量発生くらいで、べつに驚かされることはない」と探偵は考える。応接室の「壁の三面は、北部、北西部、西部と、郊外を三つにわけたそれぞれの巨大な手製の地図で埋めつくされ、赤、青、緑の三色を使い分けた、複雑な図形が（中略）、まるで人体の解剖図のような生々しさを感じさせ」る。

探偵の大燃商事に対するこのような推察や観察は、大燃商事という会社が、団地の出現とともに始まった郊外化と同時に創業され、その営業エリアが郊外をターゲットにしていることの説明となる。そして根室洋はこの会社が扱うプロパンガスの販売拡張課長だったのである。プロパンガスについて、探偵は次のように考える。

ぼくは燃料店の仕組みのことは、よく分らない。しかし、住宅地が郊外にむかってひろがるにつれ、炭屋もプロパンガスのおかげで、商売をひろげていき、人口が増えれば増えるほど、繁昌し……だが、成長しすぎた爬虫《はちゅう》類が、けっきょくは哺乳《ほにゅう》類に、道をゆずらざるを得なかったように、いずれ都市ガスにあぶらげをさらわれてしまうのだ。都市の成長によって、誕生し、都市の成長によって、死滅する、なんという皮肉な商売だろう……死を宣告されたときが、その最盛期でもあるという、身につまされる運命……。（傍点原文）

「住宅地が郊外にむかってひろが」り、「都市の成長によって、誕生し、都市の成長によって、死滅する」というプロパンガスは、そのまま失踪者根室洋のメタファーともなる。そしてそれは流動する郊外の団地生活者のイメージにも重なっていく。『日本住宅公団20年史』は、賃貸団地居住者の平均的居住年数を「およそ四・五年」と報告していたではないか。

一九六九年から七年間、実際に埼玉県上尾市の３ＤＫの団地に住み、上尾市という郊外の誕生と変遷を『箱族の街』というドキュメントにまとめた詩人の舟越健之輔は、団地の住民について次のように述べている。

住民となる人々は、ベッドタウンとしての仮の住いとする者たちがほとんどである。が、中には永住を決意する人もいた。

団地はあたかも米軍基地のように、外部との境界に金網が張りめぐらされていた。そこから一歩外に出ると、団地族という呼称をうける。それは四畳半のアパート生活から一躍、文化住宅を手に入れた者への餞《はなむけ》の言葉とも受け取れたが、また根無し草住民、遊牧民とも呼ばれ、地方自治体からは公共負担のやっかい者と非難さえされていた。

高度成長期における国家による住宅の大量生産としての団地。都市は人口集中と地価上昇のため、すでに住居としての臨界点にあり、生活者を排除する空間となり、都市住民たちを周辺の郊外の団地へととりあえずは移動させた。都市は労働だけをその内部にとどめ、生活だけを郊外へと押しやっていくという現象が「団地族」として出現したのである。「住民となる人々は、ベッドタウンとしての仮の住いとする者たちがほとんどであ」り、「根無し草住民、遊牧民」と呼ばれ、「地方自治体からは公共負担のやっかい者と非難さ」れた。

『燃えつきた地図』の失踪者根室洋とは、ほかならぬこの「根無し草住民、遊牧民」「やっかい者」なのだ。「根無し草住民、遊牧民」や「やっかい者」には失踪がふさわしい。実際に「四・五年」という平均的居住年数の団地居住者には、転居や引っ越しというよりも、姿が急に見えなくなるような失踪というイメージがあっているようにも思える。

それからまたしても基地だ。「団地はあたかも米軍基地のように、外部との境界に金網が張りめぐらされていた」。高度成長期のサラリーマンの基地としての郊外の団地。小島信夫の『アメリカン・スクール』の基地のなかの住宅は「天国」のようにみえた。それならば団地という基地はどのような「天国」であったのか。それについて舟越健之輔は次のように書いている。

ステンレスの流し台とダイニングキッチンは若い女性のあこがれであった。洋式トイレ、風呂場などの和洋折衷の部屋は色とりどりの美しいカーテンの装飾に包まれた。朝食は味噌汁にご飯の習慣から、トーストにミルク、目玉焼となり、室内はスリッパばきの生活となった。長く日本人の生活様式の中にあった神棚や仏壇、床の間、障子、廊下、雨戸などは消えていった。

これが団地という基地の「天国」の実態だ。そしてそれにあこがれる「若い女性」とは、占領下に生まれた子どもたちにほかならない。団地という集合住宅の内部は「日本人の生活様式」ではなく、アメリカ的生活様式の風景に覆われる。「日本人の生活様式」を捨てることによって成立する郊外の団地は、そのまま異邦人の空間となる。「団地族」とは郊外に誕生したエイリアンであり、『燃えつきた地図』という失踪をテーマとする小説はそのことを象徴しているように思われる。

このような団地という生活空間のなかでは、家族も性も物語も変容していかざるをえない。その変容する空間を探偵は失踪者を求めて彷徨《さまよ》う。そして目撃される郊外の風景の変容。これもまた風景の失踪といえはしないか。

むしろ、目を見張らせられたのは、堤防をへだてた、河原とは反対側の風景だ。これまでは、梨畠の土手にさえぎられて見えなかったのだが、畠も、家も、林も、根こそぎめくり取られた、広大な裸の土地が、直径一メートルもありそうな巨大な照明燈で、三方から、まるで舞台のように明るく照らし出されている。右手、百メートルばかりのところに、作業事務所と、数棟の飯場が、光の積木のような活気をみなぎらせ、それこそ都会の模型のような賑《にぎ》わいだ。正面の丘に食い付いている、ブルドーザや、リフトショベル……交錯する、キャタピラが刻んだ、紋様入りの縞……作業場と道路を結ぶ、ダンプの道……とつぜん、サイレンが鳴りわたり、黒い空一面に共鳴していた、機械やエンジンのうなりが、ひっそりと息をひそめる。三台のトラックが、飯場から作業場に向って、走りだす。どのトラックも、交代の作業員らしい男たちで、あふれそうになっているし、照明も変らないところを見ると、どうやら作業は三交代の、休みなしで続けられているらしい。

「畠も、家も、林も、根こそぎめくり取られた、広大な裸の土地」とは、まぎれもなく開発の風景だ。土地の風景や記憶や精霊が一瞬のうちに「根こそぎめくり取られ」ていく。そして出現する新しい風景のなかに、新しい物語の予兆を感じる探偵は、その物語を模索して郊外の空白地帯と都市の迷路を往還する。そして探偵自身が失踪者と同様の回路へと向かっていく。郊外と都市の往還は自動車によってなされている。

純粋な時間……目的のない、時間の消費……なんという贅沢《ぜいたく》さ……アクセルをいっぱいに踏み込む……速度計の針が徐々に上って、九十六キロを指す……風にハンドルを取られはじめる……緊張感で、ぼくはほとんど点のようになる……暦に出ていないある日、地図にのっていない何処かで、ふと目を覚ましたような感じ……この充足を、どうしても脱走と呼びたいのなら、勝手に呼ぶがいい。

「根無し草住民、遊牧民」としての「団地族」は、遊牧の手段として必然的に自動車へと接近する。郊外の「遊牧民」はそのことによって、「純粋な時間……目的のない、時間の消費」を獲得し、「地図にのっていない何処かで、ふと目を覚したような感じ」を体験する。そして郊外からの失踪は「脱走」となる。この探偵の告白が根室洋の失踪の動機であり、『燃えつきた地図』の主題であるといっていいだろう。それはまた、住居としての家から団地への移動は、家出から失踪や脱走へと行為の名称が転位したことを暗示し、郊外の誕生とともに日本社会が定住者から遊牧民の位相へと変容したことを意味している。

このようにして、安部公房の『燃えつきた地図』に先駆的に描かれた団地に象徴される郊外とは、まだ初期ののっぺらぼうな空間であり、未知の幻想や恐怖、それはいうまでもなく新しい物語の予感を漂わせる場所となっている。そしてこの『燃えつきた地図』のキーワードである失踪や消滅とは、郊外の誕生にともなって起きたなにものかの死のメタファーのようにも思える。

安部公房の『燃えつきた地図』以後、一九七〇年前後から、文学の世界もこうした郊外の風景にひきこまれていく。都市生活者が郊外へとシフトしていったのと並行して、文学の風景も郊外へとスプロール化していった。それは「内向の世代」と称された古井由吉、後藤明生、黒井千次たちの文学の風景として表出し、団地や郊外が彼らの主たる舞台背景となった。それは現実に、彼らの住居自体が山の手や下町ではなく、同世代の都市生活者同様、郊外の団地や新興住宅地に移っていたことを示している。

一九七〇年から七一年にかけて『すばる』に連載され、七二年に刊行されたガストン・バシュラールのイメージ論を下敷きにして書かれた『文学における原風景』のなかで、奥野健男は、こうした文学における風景の変容の情況について、「最近の新進作家の小説は、地についた生活空間がなく、無重力空間を持っている感じで、小説的リアリティがない」と書いた。山の手の子どもであった奥野健男はそうした文学の情況について、都市の変容、すなわち山の手的秩序や下町的共同体の崩壊をみている。


現在の大都会はもう昔の概念の都市とか街とかいうものではない。従来の都市とは異質の存在なのだ。無秩序で活動的でつねに変貌してやまないグロテスクに拡った空間の中に、さまざまな履歴を持つ無数の核家族と地方から流れ込んだ労働者や学生など独身の人間たちが群がり生活している未曾有の大聚落、スラム地帯なのである。そして住民たちの殆んどは、ここは仮りの住居であり、ここでの生活は仮りの生活であると思っている。それは大多数を占める六畳一間の木賃アパート住いの者はもちろんのこと、社宅、公団住宅、公団アパートに入居している者も、苦労して一戸建ての建売住宅やマンションを買った者も、さらには一応土地を購入しマイホームを建てた者も、ここか自分の恒常的な住居、〝終《つい》の栖《すみか》〟であり、ここが自分の住んでいる街、一生を過す街、〝わが街〟と思っている者は殆んどいない。たとえ永く住んでいても、周囲はみんな縁もゆかりもない他人である、いや敵であるという孤立感ばかりが強く、その街に親しみや安らぎや落着きを感じることができないのだ。かつてあった都市全体の、いや隣近所の町内や〝界隈〟の地縁的生活共同体意識は全くない。ただマイホームのドアを内側からかたく閉ざすのみであり、周囲は見知らぬ異郷であり、敵地であるのだ。

これが奥野健男によって捉えられた一九七〇年代の東京という都市だ。「無秩序で活動的でつねに変貌してやまないグロテスクに拡った空間の中に、さまざまな履歴を持つ無数の核家族と地方から流れ込んだ労働者や学生など独身の人間たちが群がり生活している未曾有の大聚落、スラム地帯」。この「未曾有の大聚落、スラム地帯」をつくりあげたのは、いうまでもなく戦後の高度成長という物語だ。そして都市もまた従来の「地縁的生活共同体意識」を喪失し、「未曾有の」

混住社会となったのである。村が郊外となり、風景が変容していくように、都市もまた混住化することで、都市の原風景が消滅していく。代わりに出現してくるのは、人工的な団地やニュータウンや高層マンションといった郊外の風景なのである。そうした郊外の風景が文学のなかにも否応なく表出し始めていく。

それらの作品について、奥野健男は次のように書いている。

後藤明生や黒井千次に代表される最近活躍している新進作家の作品を読むと、かつてのような郷里、在所と言われる地方の故郷もなく、また都市にも恒常的な自己形成空間もない、従来の意味での〝原風景〟の存在しない、いや〝原風景〟を否定した世代のあらわれて来たことを感ずるのだ。後藤明生や黒井千次たちはむしろそれらの未来を先取りして予感的に描いているのだが、その文学の背後に従来と全く異質の自己形成空間の中に育った〝原風景〟を持たない世代の存在を強く感じる。彼らは人工的な団地やニュータウンや高層マンションがいかなる意味でも人間的、恒常的な自己形成空間や原風景になり得ないことを、また人間関係の変化を追求する固定し安定した座標軸になり得ないことを、つまり従来の意味の小説が成立し得ないことを証明している。それは後藤明生の『私的生活』『誰?』などの一連の団地小説、黒井千次の『走る家族』などの作品に象徴的にあらわれている。しかしこれらの作品の奇妙な不安定さやいらだちは先駆的文学が担わなければならない宿命的な悲劇と栄光と言えよう。

「かつてのような郷里、在所と言われる地方の故郷もなく、また都市にも恒常的な自己形成空間もない。従来の意味での〝原風景〟の存在しない」場所あるいは空間とは、まぎれもなく郊外にほかならない。そこでは「従来の意味の小説が成立し得ない」くなり、「作品」は「奇妙な不安定さやいらだち」を含んだものとなる。それは安部公房の『燃えつきた地図』でみたばかりだ。この『文学における原風景』のなかで、奥野健男が『燃えつきた地図』に言及していないのは不思議なことだが、郊外の団地の空間の「奇妙な不安定さやいらだち」こそは、『燃えつきた地図』が最もよく体現していたものではなかったか。

奥野健男によって、「従来の意味の小説」でない典型とされた後藤明生や黒井千次の作品は、『燃えつきた地図』でふれた団地の風景や自動車による移動感の部分と重複するのでここでは言及しないが、黒井千次が一九八〇年代になって発表した連作小説『群棲』というタイトルは、「原風景」の在在しない郊外での家族とその生活の位相を象徴的に物語るものとなっている。七〇年代を通じてさらに増殖した郊外が成熟した視線で捉えられているといってもいい。

この『文学における原風景』のなかで示された奥野健男の眼差しは、山の手という都市の中心部に育ち、居を構える文芸評論家の、一九七〇年前後からの文学の風景が都市の内側から都市の外側、すなわち郊外へと移行しつつある現象に対する同時代的報告ともなっている。そしてちょうどこの時期に郊外社会、自動車社会が進行していたのであり、その典型として出現したのが、後藤明生の郊外の一連の団地小説であり、黒井千次の『走る家族』の郊外生活と自動車にこめられた意味であろう。

だが、郊外へと文学の風景を転位させていったのは彼らばかりではなく、一九七〇年代以後文学の風景の多くは、郊外へ、郊外へとスプロール化していく。それは作家たちが、都市生活者の否応なく選択された郊外への転位に対して、自らもそうである同世代者の視線で共鳴し、郊外へ測鉛を降ろさなくては文学が成立してこないという皮膚感覚を所有していたからではなかったか。かくして郊外はさまざまなヴァリエーションで立体的に描かれていくことになる。

安部公房の『燃えつきた地図』では郊外の団地を訪れた探偵という外部の眼差しで、後藤明生の団地小説では団地居住者という内部から放たれた視線で、黒井千次の『走る家族』では疾走する自動車の閉ざされた内側から、郊外が測量される。しかしまだ彼らの小説にあっては、都市と郊外が混住すること、すなわち郊外社会と混住社会の相関関係が前面に打ち出されていない。混住することを意識して凝視し、物語の立ち上がってくる風景を敏感に察知していたのは、やはり「内向の世代」のひとりである古井由吉であった。それは郊外のアパートに住む若い夫婦の心的現象として表出する。

一九七〇年に発表された古井由吉の『妻隠《つまごみ》』の書き出しは、郊外社会の混住化のゆらめきをみごとに描き出している。

アパートの裏手の林の、夏草の繁みを掻き分けて老婆は出てきた。

林といっても、クヌギの樹が十二、三本も伐り残されたわずか五十坪たらずの空地にすぎず、秋になって葉が落ちると視線はたちまちむこう側へつきぬけてしまう。そして石を投げれば届きそうなところに細い砂利道が通り、その道にそって小さな建売りの二階家が、階下も階上も広さの変らぬ窮屈な恰好ながら、それぞれ一戸建ての尊厳を精いっぱいに示してひしめいているのが見える。その間にはさまれて、空地は明日にでも同じような安普請の家にあっさり塞がれてしまう運命を待っているというふうである。それでも夏の盛りともなれば、自然はいかに包囲されていてもやはり自然だけあって、ことさらに旺盛に、ことさらに淫らがましく生い繁って、すぐ目と鼻の先の新興住宅地の眺めをすっかり覆い隠してしまい、アパートの側からは、一見、すこしばかり奥行きのありそうな林に見えた。

五年前に都心の一間のアパートから移ってきた寿夫と礼子という若い夫婦の住む郊外のアパートの横手の「共同の流し場」からみられた風景である。おそらくかつて農地であったと思われる土地に、「道にそって小さな建売りの二階家が、階下も階上も広さが変らぬ窮屈な恰好ながら、それぞれ一戸建ての尊厳を精いっぱい示してひしめ」き、「空地は明日にでも同じような安普請の家にあっさり塞がれてしまう運命を待っている」という「新興住宅地」の風景。その風景のなかからどのような物語が立ち上がろうとするのか。

寿夫は「最寄りの駅まで二十分ほどの道のりを全速力で歩いて、満員の通勤急行に乗りこみ、二度乗りかえて会社」に通うサラリーマンであるが、夏場の疲労のため発熱し、一週間会社を休み、日頃は「朝出かけて夜帰ってくるだけ」のアパートで、静養をかねて妻と二人だけで過ごしている。そして寿夫の病後の身体のけだるさのなかに、子どものいない郊外のアパート生活者である夫婦の日常のゆらめきと二人の関係性の変容とその過程が浮かびあがり、それが周辺のできごとや住民や風景と交錯して、『燃えつきた地図』とは異なるたゆたった郊外の日常生活の断面を静かに映し出す。

彼らの住むアパートは六畳の部屋とダイニングキッチンであり、トイレと風呂がついている。寿夫は寝床で余熱にまどろみながら、妻の礼子が郷里から送ってきた桃をむいているのを見て、妻がこの郊外のアパートでの五年間の生活で、娘から妻へ、そして「家刀自《いえとじ》」へと変容したと考える。


考えてみれば、結婚にせよ、かりに同棲にせよ、男と女がひとつ家に暮していて、男が外に出て稼ぎ、女が内にこもって家事を切りまわしていれば、女が家刀自らしくなってくるのに不思議はないはずである。しかし子供もなく、月々の給料のほかには管理する家財産もなく、祭るべき先祖の霊もなく、表も奥もない二間だけの部屋の中で、家刀自の姿をふいに意識するとき、彼はいつでも奇妙な気持になる。とくにこの一週間、日ねもす寝床でまどろみ過しては、ときおり目を覚まして部屋の中を飽きもせずに見まわしていると、しばしば彼は見なれたはずの妻の姿に、しげしげと目を注いでいる自分に気づくことがあった。

都心であっても郊外であっても、どこでも生活は否応なく営まれていく。郊外の「家刀自」が誕生する時代となったのだ。妻のむく桃の向こう側に、妻の郷里である東北地方の村の心象風景が「家刀自」という言葉で発見される。地方出身者の妻が学生となって東京に向かい、結婚してサラリーマンの妻となり、郊外へ移り住む。都市出身者であるらしい夫は、その妻のなかに地方と郊外がゆらめいているのをみるのである。

アパートの隣には一戸建ての平屋があり、小さな工務店の寮がわりになっていて、若い職人たちが六、七人住んでいる。東北なまりの職人たちで、おそらく『燃えつきた地図』にあったような郊外の開発現場で働いているのではないかと想像できる。そのなかでいちばん若いヒロシという少年が、そのなまりから妻と同郷であることがわかる。そしてこのヒロシが高熱で倒れた寿夫をみつけて病院に知らせ、見舞いに郷里の桃を持ってきてくれたのである。

このヒロシにつきまとう老婆がいる。冒頭でアパートの裏手の林のなかから出てきた老婆である。「集会」に出てこいと老婆は、ヒロシだけでなく、寿夫や礼子をも誘う。寿夫はこの老婆について次のように想像する。

婆さんたちの集会に出て、婆さんたちの善意の洗礼を受けないかぎり、《くっつき》の男女はどれも道を踏みはずしている、と見ているのかもしれない。つまり、声をかけてやらなくてはならないわけだ。いや、ことによると、あの婆さん、このあたりがまだ辺鄙な農村だった頃に土地の男女の結びつきを取りしきっていた神がかりの女の、そんなのが実際にいたかどうか知らないけれど、とにかくそんな類いの女の末裔で、年を取って嫁に粗末にされはじめたとたんに先祖の血が騒ぎ出し、若い男女の縁談を世話したり、ここに塒だけを置いている勤め人の夫婦どもの暮しをのぞきこんでは、婚姻だろうと同棲だろうと、自分の追認を得られそうにもない夫婦がいはしないかと見張っていたりしているのかもしれない。

この部分は郊外社会の初期においては、郊外生活者たちが農耕社会の視線に包囲されていたことを示している。老婆も「辺鄙な農村だった頃」の風景のなかからやってきたのだ。それは次のような風景だ。

夕暮の光の中に畑が昔のままの姿でひろがり、ところどころに屋敷林が黒々と立ち、暮れてゆく空にむかって、たえず西風にざわめいているような大枝を奔放に張りひろげ、藁葺き屋根を隠している。(中略)まわりの生垣も背が高くて鬱蒼としていて、どこから見ても母屋か納屋の屋根しか目に入らない。年々歳々、自然の繁茂の内側へいよいよ深く埋もれていくような暮らしだった。そのうちに日当りの悪いのが苦になって、あっさり樹を伐り倒して新しい邸宅に建てかえるのだろう。

「新しい邸宅」ではない、それでいてマイホームでもない農村の家から老婆は出現してきたのである。「夏草の繁み」のなかから出てきた老婆は、「自然の繁茂の内側へいよいよ深く埋もれていくような暮らし」のなかで生きている。だがその暮らしの消滅するときが近づいている。「そのうちに日当りの悪いのが苦になって、あっさり樹を伐り倒して新しい邸宅に建てかえ」られるであろうから。「辺鄙な農村」は郊外となって膨張し始めている。村の家々と新しい住民たちの家々が混住化している。その風景を古井由吉はゆっくりとていねいに描写する。

しばらく行くと道の右手に住宅がまた密集して、田園風景を新興住宅地の雑駁さでたちまち圧倒してしまった。二階家の整然と立ち並ぶ一劃があるかと思うと、すぐその隣りに、建ってからまだいくらもしてないはずなのにもう風雨に晒らしぬかれた感じのマッチ箱のような家がひしめいている。広い庭のある家の塀の内を、寿夫たちの住んでいるようなアパートが、まるでのぞく位置にあることを自分で恥じているみたいに窓々にカーテンをおろして、ひっそりと見おろしている。だいたい、このあたりの住宅はバス道路から畑の奥のほうへ段々に展がって行くのではなくて、お百姓が業者に土地を売った順に、あちらにひとかたまり、こちらにひとかたまり、茸の群生みたいに生え出てくる。その時々の法令の改正を表わしているのか、床下の高さも家と家の間隔も区劃によってまちまちである。三年ほど前にさっそうと建った家が、まわりにもっとモダンな家が建ったばかりに、同じ人間を住まわせたまま零落してショボくれた感じになり、時代の軽薄さをしきりにこぼしているような、そんな風情のもある。

ところどころに、広いテラスを張り出した豪壮な邸宅が見られる。土地を売ったお百姓の家である。でかい標札を見ると同じ苗字が多い。気鋭の建築家にいいようにされたらしくて、露骨な意匠を着なれない礼服みたいに人目にさらしている。それでも都心のほうの金持の家と違って、高い塀をめぐらして人目を隠す取澄ましはなくて、洋風の低い⊠や垣根からのぞきこむと、広い庭の中にムシロが敷いてあって、その上に農作物がひろげられていたり、スポーツカーのそばでニワトリが餌を啄んでいたりする。

安部公房の『燃えつきた地図』においては、抽象的なイメージとしての郊外であり、都市に連結して派生し、都市の内部の近傍にあるという印象であったが、古井由吉の『妻隠』では、郊外は『燃えつきた地図』よりもさらに外延化し、郊外が具体的に混住社会であることを描いている。そしてこの風景の周囲には、家をもたない寿夫たちのようなサラリーマン夫婦の住むアパートや、ヒロシたちのような東北から出稼ぎにきている職人たちの寮がある。こうした混住する風景のなかを着物姿の老婆が徘徊する。おそらくこの老婆とはかつての村の象徴であり、「家刀自」なのだ。村の「家刀自」はこの土地に根をもたないアパート生活者や寮生活者たちを村のなかへと誘おうとする存在であり、彼らの郊外生活の「旺盛に繁茂しようとする力のようなものが欠けていること」を嗅ぎとり接近してくるのである。

しかしその老婆の誘いに寿夫たち夫婦やヒロシは困惑し、拒絶する。それは郊外のストレンジャーである彼らが村の内側へと入りこむことが不可能であることを告げている。村の老婆には名前がつけられておらず、そのことはすでに先住する村人も匿名の存在となっていることを示しているし、また同様に寿夫たちもヒロシも苗字で呼ばれることはない。このことは混住社会が匿名社会化していることを意味している。村が郊外となったことの表出でもある。この『妻隠』のなかで執拗に描写される新興住宅地の建物の均一性と画一性、それは住居そのものが一戸建てにもかかわらず、団地のように記号化され、そこでは住民そのものが記号のような存在になってしまっていることをほのめかしているようだ。

人間ばかりではない。郊外の混住社会にあっては集う場所もまた変容する。神社とか集会所がトポスではない。『妻隠』において、寿夫たち夫婦とヒロシたちと老婆が出会う場所とは、畑のへりにつくられた「共同の流し場」であり、このあまりに散文的な「共同の流し場」こそが物語の出現する場所であり、空間なのだ。そのことを象徴するかのように、『妻隠』は寿夫のいる

「共同の流し場」の風景から始まり、妻の礼子が深夜にヒロシたちと「共同の流し場」で酒盛りをする場面で終わる。郊外の混住社会においては物語の発生する場所が移動し、ずれてきていること、そして今までには考えられなかった場所が突然物語を紡ぎ出す空間へと変貌することを示している。

その物語を司るのはだれか。それは村の老婆でもなければ、都市出身者でサラリーマンの寿夫でもない。東北地方の出身者で、現在では郊外の「家刀自」と化した妻の礼子にほかならない。礼子の、出郷し、都市へ向かい、郊外へ移住する過程はそのまま、恋愛し、結婚し、「家刀自」となっていく過程でもあった。同郷のヒロシの存在によって故郷と少女時代の記憶を再生することで、郊外の「家刀自」はヒロシたちとの深夜の「集会」を「共同の流し場」で催すことを可能にするのである。その場面はエロスの気配のする儀式のように描かれる。そしてその儀式に都市出身者の寿夫は加わることができない。アパートの窓から覗きみるだけだ。

ウホーッと溜息のような歓声が起った。寝床から軀を起してカーテンのすきまからのぞいてみると、ちょうど昼間寿夫が老婆に話しかけられていたあたりで、礼子の白い姿が半裸の男たちにまわりを囲まれて石の上にゆったりと坐り、両手に湯呑茶碗をもって、茶の湯みたいな手つきで口もとにすこしずつ傾けていた。その真前でやはり半裸のヒロシが地面に片膝をついてその上に一升瓶を押し立て、手の肘をいかつく張って控えている。そして二人を取り巻いて男たちが子供みたいに尻を低く垂れてしゃがみこみ、赤銅色の汗ばんだ背を小さくまるめて、礼子が茶碗を傾けるのを嬉しそうに見上げていた。

礼子は巫女のようであり、ヒロシたちは巫女につかえる神官のようにみえる。この酒盛りの場面はまるで古代の宗教儀式のようだ。

『妻隠』に描かれたこの場面に象徴されるように、郊外における女性の可能性とそのアイデンティティによって、混住することで郊外に新しい物語が出現しかけているという時代の情況をみることもできる。したがって、可能性としての郊外がここにはある。若い夫婦がひっそりと郊外で暮らす生活の風景、「妻隠」を可能とする場所としての郊外である。そして古井由吉の『妻隠』は、『燃えつきた地図』における探偵個人の眼差しではなく、村の老婆、地方からの出稼ぎ者、都市から移住してきたサラリーマン夫婦といった複数の存在によって、郊外が立体的に組み立てられ、混住社会となっていることを描いた最初の作品として位置づけられる。

『妻隠』の郊外は都市出身者のサラリーマンの視線で混住社会として構成されたが、ヒロシのような地方出身者の若者によって捉えられたら、どのようにして郊外は出現するのだろうか。それは村上龍の『限りなく透明に近いブルー』（七六年）にみることができる。占領下に生まれた子どもたちのひとりが郊外を描き始める。基地のある佐世保出身の村上龍が漂着した郊外の福生が、故郷同様基地のある場所であったのは偶然なのだろうか。

村上龍の『限りなく透明に近いブルー』は麻薬や乱交といったスキャンダラスな場面に覆われているが、その根底に横たわっているのは、占領下に生まれた子どもによって再現された一九七〇年代におけるアメリカによる日本占領の風景なのである。のちになって村上龍自身が、「恐らく私のこのデビュー作は、後年日本の『被占領性』を露呈したものとして、判断が下されるだろう」(『アメリカン★ドリーム』)と語っている。「被占領性」を露呈する場所とはどこか。それは基地のある郊外だ。この作品では横田基地のある福生である。アメリカと日本の混住する郊外、敗戦から継続している郊外と基地の密通が占領下に生まれた子どもたちのひとりによって初めて描かれる。ここではもはや小島信夫の『アメリカン・スクール』の「天国」を垣間見ることはできない。消費社会のアメリカではなく、占領軍のアメリカがグロテスクに出現する。基地に彷徨《さまよ》いこんだ日本の子どもたちがアメリカ兵によって麻薬をうたれ、犯されるという占領下の暴力性が直接的に露出している。基地のある郊外は次のように描写される。

人が影のように通り過ぎる。自転車を押した青い制服の郵便配達夫が、鞄を下げた数人の小学生が、グレートデンを連れた背の高いアメリカ人が、狭い隙間を通り過ぎる。(中略)日本人の婦人が黒い鞄を下げてすでに開いていたドアから中を見回した。会社のマークを入れた帽子を被っている。紺の上着の肩口が濡れてガスか電気の検針だと思う。(中略)また少し広くなった隙間、手を拡げて話しながら小学生の女の子が二人通る、赤いゴム長靴。制服を着た黒人兵が、ガードをかわしてシュートするバスケット選手そっくりの動作で、泥濘《ぬかるみ》を避けとび跳ねながら走っていく。（中略）

白い大きな車が雨を弾きながら道路すれすれにゆっくりと進んでいる。中には外人の女が二人、一人はルームミラーで髪に被せたネットの位置を直し、運転する女はフロントガラスに鼻をくっつけるようにして前方を注意していた。

二人共粉をふく程乾いた肌にべっとりと化粧をしていた。

女の子がアイスクリームを舐めながら通り過ぎまた戻って来て中を覗き込んだ。金色の柔かそうな髪が頭にぴったり貼り付いて、台所の椅子にかかったリリーのバスタオルを取って体を拭き始める。アイスクリームのついた指を舐めていてくしゃみをした。

これが『限りなく透明に近いブルー』の背後にある風景だ。限りなく占領下にあるような風景。「日本人の婦人」という異様な言葉遣いがさし示す位相、ここは日本であって日本ではない。そして主人公リュウをはじめとする日本人たちは、ことごとくカタカナ表記となっている。リリー、オキナワ、モコ、カズオ、ケイなど。占領下の固有名を暗示する命名。流れてくる音楽はドアーズだ。ドラッグとアルコールで二十七歳で死んだジム・モリソンの歌う「音楽が終わったら」。ジム・モリソンも基地のある郊外の出身だ。

基地のある郊外でのアメリカと日本の混住はどのようにして表出するのか。それは性の場面、とくに乱交＝性の混住として突出する。そしてそれは占領下のメタファーとなる。「ペニスの長」い黒人たち、「銀色に塗られた長い足の爪」の黒人女、「ブクブクに太った」白人の女とリュウたちとの乱交パーティ。ジャクソンという黒人に「戦場用の注射器」でヘロインをうたれ、彼らの前で化粧して踊るリュウ。

自分は人形なのだという感じがますます強くなる。あいつらの思うままに動けばいい。俺は最高に幸福な奴隷だ。

ジャクソンは言う。

おい、リュウ、お前は人形だな、俺達の黄色い人形さ、ネジを止めて殺してやってもいいんだぜ。

このようにして、基地のある郊外は日本とアメリカの心的現象を、占領下の再現として露出させる。したがって「ヘロイン」とは占領軍によって日本にもたらされたものの総体のように読める。農地改革、学制改革、民主化から始まってスーパー、ロードサイドビジネス、消費社会のシステムにいたるまで「ヘロイン」のように日本を呪縛している。占領は継続されているのだ。そのむきだしの現実が基地のある郊外に存在している。日本人はアメリカの「人形なのだ」。「あいつらの思うままに動けばいい。俺は最高に幸福な奴隷だ」。アメリカ人はいう、「お前は人形だな、俺達の黄色い人形さ」。一九四五年から五二年にかけての占領下の日本とアメリカの位相が、この乱交パーティのなかで再現されるのである。

リュウにリリーが何度もいう。「あなたは赤ん坊なのよ」。登場人物のひとりケイは「あいのこ」と説明される。占領下に生まれた子どもたちだ。そして人形なのはリュウだけではない。赤毛に染めた日本人リリーもまた人形の比喩でくりかえし描写される。「赤い髪を背中に垂らし腰を曲げたリリーは人形のように見える」。基地のある郊外に迷いこんだ赤ん坊と人形たちは「飛行機」に象徴されるアメリカに支配され、監視されている。

厚く垂れた雲、途切れることなく落ちてくる雨、虫達が休む草、灰色の基地全体、基地を映す濡れた道路、そして波のように揺れている空気、巨大な炎を吐く飛行機がそれら全てを支配している。

「飛行機がそれら全てを支配している」空間が基地のある郊外であり、この『限りなく透明に近いブルー』はこの「飛行機」の強迫観念が支配する世界でもある。この小説の書き出しは「飛行機の音ではなかった」という文章から始まっている。この「飛行機」は終わりの場面では、

「黒い夜そのもののような巨大な鳥」としてさまざまなメタファーのように変奏される。

俺は知ってたんだ、本当はずっと昔から知ってたんだ。やっとわかったよ。鳥だったんだ。
（中略）俺の都市を破壊した鳥さ。

そして「昔から知ってた」ことや「やっとわかった」ことがフラッシュバックされる。敗戦と占領の無意識的記憶によって喚起される占領下に生まれた子どもたちの原風景。占領下に母の胎内で聴かされた悲しいメロディー。

閉めきったベランダの戸の外で、数人の酔っ払いが昔の歌を大声で唱いながら通った。僕は鎖に繋がれた囚人の合唱か、重傷を負い戦闘不能になった日本兵が、岸から飛び込む前に合唱する軍歌のようだと思った。暗い海を前にして顔中に包帯を巻き、痩せ細ったからだのあちこちに穴があき、そこから膿が吹き出し蛆《うじ》が這い回り、東を向いて敬礼する目に全く光のない日本兵が唱う、悲しい曲のように聞こえた。

その歌を聞きながら、テレビにぼんやりと映る歪んだ自分を見ていると、どうあがいても浮かび上がることのできない深い夢の中に沈んでいく感じがした。テレビに映る僕と僕の目の裏側で歌う日本兵が重なって見えた。（中略）暗い画面に映る濁った目が、熔けるように歪み崩れて、僕はその自分にお前は一体誰なんだと呟いた。
お前は一体何に怯えているんだ、そう言った。

この『限りなく透明に近いブルー』は一九七六年に発表されている。前述したように七〇年代前半において、消費社会、郊外社会、自動車社会が成立し、日本の生活様式がアメリカ的生活様式に完全に征服された時代を背景として書かれていることになる。すなわち敗戦に続く占領が消費社会による農耕社会の征服であったとするならば、七〇年代前半において、日本が郊外と自動車を中心とする消費社会化することでその真の占領は実現されたのである。

したがってこの『限りなく透明に近いブルー』とは、そのことが「やっとわかった」占領下に生まれた子どもたちのひとりが歌う「悲しい曲のよう」だ。ドラッグや乱交の場面の深層には絶えず、「お前は一体誰なんだ（中略）お前は一体何に怯えているんだ」という引き裂かれた意識の揺曳がある。基地のある郊外はアメリカ的風景に覆われた日本を象徴し、それは「どうあがいても浮かび上がることのできない深い夢」のようであり、それは第二の敗戦のように思われる。「テレビに映る僕と僕の目の裏側で歌う日本兵が重って見えた」

このように基地のある郊外の日本とアメリカの混住は、継続している占領を露出していく空間であり、その占領の象徴である「巨大な炎を吐く飛行機がそれら全てを支配している」場所であるから、そこからの脱出が祈願されることになる。

リリー、俺帰ろうかな、帰りたいんだ。どこかわからないけど帰りたいよ、きっと迷子になったんだ。もっと涼しいところに帰りたいよ、俺は昔そこにいたんだ、そこに帰りたいよ。リリーも知ってるだろ？　いい匂いのする大きな木の下みたいな場所さ、ここは一体どこだい？　ここはどこだい？

そしてくりかえし語られる「宮殿」や「都市」のイメージ。無垢のユートピアの夢想。それは占領されていない日本にほかならない。村上龍は一九九〇年代になって、その占領されていない日本を『五分後の世界』や『ヒュウガ・ウイルス』で描くことになる。

だからこの『限りなく透明に近いブルー』という題名にこめられた「ブルー」とは色彩の「青」ではなく、「憂鬱」を意味している。占領下の「憂鬱」、基地のある郊外の「憂鬱」。この「憂鬱」は一九八〇年代前半に「ブルータス」に連載された『テニスボーイの憂鬱』に継承され、そこでは郊外の消費社会の「憂鬱」が主題となっている。

だがこの「憂鬱」が「限りなく透明に近い」のはなぜだろうか。この小説の最後の部分で、リュウは基地の町に「女の白い腕のような優しい起伏」を見、「これまでずっと、いつだって、僕はこの白っぽい起伏に包まれていたのだ」と考え、「鳥から逃れることは出来ない」と思う。そして最後の一行は「鳥」との融和を暗示するようにして終わる。「憂鬱」が「限りなく透明に近い」のは、「白っぽい起伏」に覆われていたからだ。この「白っぽい起伏」「女の白い腕のような優しい起伏」とはなんだろうか。前記の『アメリカン★ドリーム』というエッセイのなかで、村上龍は次のように佐世保とアメリカについて語っている。

狭い平野部のほぼ中央に米軍基地はあり、朝夕には、アメリカ国家に合わせて星条旗がはためいた。

考えてみると、アメリカは、日本の歴史始まって以来の、「占領軍」だった。私の町内にもオンリーの住まいがあり、悪い子供達はその寝室や風呂場をよく覗《のぞ》いたものだが、私は、「武装した外国人によって自国の女が飼われる」のを目撃した最初の世代なのである。

多くの人はもう忘れてしまっているだろうが、アメリカは、「占領軍」だったのだ。

私は、祖父の家で鳴る浪花節よりもオンリーのハウスから聞こえるプレスリーの方が好きだった。まだ、小学校前の私の中に、プレスリーに感応するコードがあったことになる。そのコードは、プレスリーの強力で甘い声だけに支えられていたのではない。それは、「占領軍の音楽」だったのだ。

私にとって、アメリカは、観念であり、思想である。ただその観念や思想は、抽象的ではなく、モノだ。ギャングが言うところの、ブツだ。コカ・コーラであり、ハンバーガーであり、プレスリーであり、ブロードウエー・ミュージカルであり、NASAである。ブッとしての思想には、特に、被占領国国民には、距離がとれない。理論武装してもムダだ。

「『武装した外国人によって自国の女が飼われる』のを目撃した最初の世代」とは、占領下で生まれた子どもたちにほかならない。そして同時に彼らは「浪花節《なにわぶし》」よりも「占領軍の音楽」であるプレスリーが好きだった最初の世代でもあるのだ。アメリカによる占領は音楽ばかりではなく、村上龍のいうように「モノ」や「ブッ」として彼らの前に出現した。それらは「コカ・コーラであり、ハンバーガーであり、プレスリーであり、ブロードウエー・ミュージカルであり、NASAである」。村上龍の言葉をさらに補足しよう。「モノ」とは「テレビ、電気冷蔵庫、電気洗濯機であり、自動車であり、アメリカ的住居である」。そして「コト」とは「消費社会に象徴されるアメリカ的生活様式である」。占領下の日本は「占領」という「憂鬱」と「モノ」や「ブッ」や「コト」といった「女の白い腕のような優しい起伏」の包容のアンビヴァレンツのなかにおかれていた。それを最初に体験した戦後世代もまた占領下に生まれた子どもたちだったのである。

一九五二年に占領は解除され、高度成長期には「モノ」が獲得され、七〇年代前半にはハンバーガーが一般的に食べられることになり、GNP（国民総生産）は世界第二位という経済成長を示した。そんな時代にこの基地のある郊外を舞台にした『限りなく透明に近いブルー』は、「モノ」を自力で獲得したにもかかわらず、依然として継続している占領の「憂鬱」を郊外に発見してしまったのである。アメリカから逃れることができないという現実は、すでに日本の戦後社会を通じて浸透してしまった、「女の白い腕のような優しい起伏」としてのアメリカ的生活様式のなかを生きざるをえない。たとえそれが「限りなく透明に近いブルー」だったとしても。

だが、それはどのような道筋を一九七〇年代以後たどるのだろうか。それもまた膨張し続けていく郊外へと逆照射され、基地のある郊外とはまた異なる位相において描かれることになる。それはたとえば、『妻隠』の村の老婆の視点、すなわち村の住民の側から団地や流入する新しい住民との混住化を描いたならば、郊外とはどのような相貌で表出してくるのか。それを立松和平の『遠雷』（八〇年）にみることができる。立松和平もまた占領下に生まれた子どもたちのひとりだ。『遠雷』という小説には次のような前史が横たわっている。

公団は、全国的な工業化の発展、工業用地の爆発的な需要、人口、産業の集中に伴う首都圏域の拡大等を考慮し、従来、都心から三〇〜五〇㎞圏上で行われていた工業団地の選定を、その外周部五〇〜一〇〇㎞圏上に拡大し、事業規模も従来の四〇〜一八〇haから一一〇〜二四〇haへと大規模化し、真岡、佐野、総和などの地区の開発に着手した。また、これら工業団地においては、既成工業団地での工業従業員用住宅の不備に対する反省もこめ、工業団地とセットで住宅団地の開発を進めることとし、ここに職住近接の新しい都市が誕生したのである。

（『日本住宅公団20年史』）

このように『日本住宅公団20年史』がいう「全国的な工業化の発展、工業用地の爆発的な需要、人口、産業の集中に伴う首都圏域の拡大」による「工業団地とセットで住宅団地の開発」は村になにをもたらしたのか。

立松和平の『遠雷』はまぎれもなくこのことを主題としている。そして、『遠雷』は村の内側からみられた郊外がその舞台であるため、『燃えつきた地図』や『妻隠』や『限りなく透明に近いブルー』と異なり、村の歴史の時間軸が導入され、それに三世代にわたる家族の物語が交錯することで、重奏的に郊外の風景を映し出す。そして郊外の混住社会の葛藤の心的現象が織りこまれる。

『遠雷』の主人公和田満夫は、団地の隣の畑のビニールハウスでトマト栽培をしている。団地を見ながら満夫は次のように思う。

昔から変わらないのは山だけだ。二年前には団地などなかった。一帯は水田と栗畑と雑木林で、草木や鳥獣虫魚のひっそりとした気配に満ちていた。雑木林に囲まれた幅広い谷のかたちで田がひろがり、中央を川が流れていた。何代もかかって拓き整えてきた美田だった。米もよくとれた。村の田はこのあたりに集中していた。田起こし田植え草取り稲刈りと、満夫は両親と陽のある間野良にでていた。村の人間と遠くから大声で挨拶をかわしあった。野良でする噂話で村で起きたことは手にとるようにわかった。夕方水路に筌《うけ》を仕掛けておくと、朝には小ブナやドジョウがずっしりと重いほど獲れた。細長い竹籠の筌にどうやってはいったのか、一キロもある鯉が窮屈そうに掛かっていることもあった。

ここに県が住宅団地と工業団地をつくる計画をたてたのだ。みんなは札束で横面を張られるようにして土地を手放していった。東京で銀行員をしている兄の哲夫に相談すると、高く売れるのなら売ったほうがいいと素気なくいわれた。村中が買収に応じたので、一軒だけ頑張っていることはできなかった。値をつり上げるため意地をはっていると思われるにきまっていた。ブルドーザーの群がやってきた。樹木を根こそぎに踏み倒し、土を削って田を埋めた。栗畑をつぶし、川の流れを変え、瞬く間に地平線が見えるほどの赤むけの平地をつくった。地面に積木をならべるようにして建物ができていった。トラックに荷物を積んで人が集まってきた。農道がひろげられアスファルト舗装され、車がひんぱんに通るようになった。スーパーマーケットや寿司屋やスナックができた。まるで手品を見せつけられるような手際のよさだった。

『燃えつきた地図』や『妻隠』では断片的だった、郊外の急速な変貌がなんであったのかが、この『遠雷』にはこのように全体的に描かれている。そのためにはやはり探偵や都市のサラリーマンの側からではなく、村の内側からの視線が招き入れられなければならなかった。発表年が一九八〇年ということもあり、この『遠雷』には現在の郊外社会の要素がすべて出揃っている。「何代もかかって拓き整えてきた美田」のある農耕社会としての村は、「住宅団地と工業団地」の出現により混住社会となった。そのことにより、「農道がひろげられ、アスファルト舗装され、車がひんぱんに通る」自動車社会となり、「スーパーマーケットや寿司屋やスナックができ」て、消費社会の萌芽を示す。「まるで手品を見せつけられるような手際のよさ」で、村は郊外となり、混住社会、自動車社会、消費社会となった。農耕社会としての村は解体されたのである。

村の解体とは農業を継続することの不可能性に直面することであり、満夫と両親は工業団地の製薬工場のトラックの運転手や清掃係に雇われる。しかし他の村の人々同様工場勤めは続かなかった。満夫はかろうじて残った畑にビニールハウスをつくり、農業のやり直しを試みている。「札束で横面を張られるようにして土地を手放し」た村人たちは、「土地」の代わりに何を手に入れたのだろうか。それは「札束」で新築された家となって現れる。

黒い帯のようなアスファルト道を渡ると母屋だった。残された土地は、庭の真中を道路が走る格好になった。仄明るい空に瓦屋根の大きな輪郭が浮かんでいた。応接間だけ電燈がつき、祖母がソファに寝そべってテレビを見ていた。テレビの色が妙になまなましかった。新築してまだ一年とたっていない家だ。金をふんだんにつぎこんだ堂々たる建築だったが、成金ばかりのこのあたりでは家を新築するのがはやり、目立つわけではなかった。工務店の口車に乗って隣近所と張合った。床柱は紫檀を使い、床は檜張りにし、応接間のかたちばかりのマントルピースは台湾の大理石だ。スイッチをいれると虹がでたようになるシャンデリアもいれた。見えないところに金をかけるのがいい建築だと工務店の男はいった。ベニヤなど一枚も使っていない。いくら部屋数が多くても来客があるわけではなく、一人一部屋あればたくさんだった。ほとんどの部屋は畳が黄ばむからと雨戸を閉めきったままなのだ。畳や壁に黴が生えているかもしれなかった。

「応接間」や「ソファ」や「マントルピース」や「シャンデリア」に象徴される「金をふんだんにつぎこんだ堂々たる建築」は、「新築してまだ一年とたっていない家」なのに、「畳や壁に黴が生えているかもしれな」い。そしてその家のなかでは、「テレビの色が妙になまなまし」い。こうした家屋構造やその描写はすでに土地を手放し、農業を捨てたときから家族が崩壊し始めたことを意味している。農家という家族による生産共同体の死を示している。祖母は応接間のソファで一日中テレビを見ている。母は郊外の開発現場へ土方に出ている。父は仕事をやめてからバーの女に入れ揚げ、女にスナックを出させて同棲している。土地を売った「札束」はスナックにつぎ込まれていく。父は満夫にいう。

この歳までいい思いもしねえで泥んこになって働いてきたんだから、そろそろ好きなことさせてもらってもバチはあたんねえべ。ジイちゃんとそのままたジイちゃんの分だと思えばいいんだ。楽しいことも知らねえでさ、すり切れたワラジみたくなって死んでったんだかんなあ。働きに働いてなあ。

「この歳までいい思いもしねえで泥んこになって働いてきた」、あるいは「楽しいことも知らねえで（中略）働きに働いて」いることを可能にしたのは、村という農業共同体の倫理と機能が生き、またそれによって支えられていたからだ。そしてそれが永遠に続くという幻想によって、「すり切れたワラジみたくなって死んで」いったのだ。しかしその村という農業共同体が消滅したあとにはもはや労働の価値は崩壊し、「そろそろ好きなことさせてもらってもバチはあたんねえべ」。

この満夫の父の表白にはすべてが込められている。土地を失い、農業の不可能性に直面し、そのことによって家族が崩壊し、村という共同体が消滅する。すると立ち上がってくるのは個人の欲望というアイデンティティだけだ。その実現を可能にしてくれる「札束」がとりあえずは手元に残されている。そしてこの父の表白は戦後日本社会の秘かなモノローグのように聞こえる。

変わったのは父ばかりではない。生活自体も当然のように変化し、母もまた農耕社会から消費社会の回路のなかに巻きこまれていく。

母が紙袋を抱えたまま屈んで地下足袋や満夫のゴム長をそろえた。紙袋から大根の葉と長葱がでていた。百姓が野菜を買うとはなと満夫は思った。

母はスーパーマーケットの紙袋を破った。歯でビニールを千切り、ノシイカやピーナッツの袋を開いた。満夫は赤いものが眼についてパックに手をのばした。着色料で染めたタラコだ。

スーパーで、「百姓が野菜を買う」時代となったのであり、マントルピースやシャンデリアのように人工的な「着色料で染めたタラコ」が食卓へと侵入する社会へと村が転位したのである。わずか数年前には、「草木や鳥獣虫魚のひっそりとした気配に満ちていた」農耕社会が一瞬のうちに消費社会化したのである。その始まりはいつであったのか。満夫はそのときの風景を次のように回想する。

土地と引替えに金人残らず踊りだしたのだった。二十歳の満夫も眼の前が不意に明るくなった気がした。成人式のための背広も英国製生地を使った特別誂だ。背広はあの時つくった一着きりで、文字どおり一張羅だった。女たちはそろいもそろって五十万円だか百万円だかの派手な刺繍のついた着物をつくった。呉服屋に乗せられたのだ。自動車のセールスマンや、北海道の見たこともない土地を売りにきた不動産屋や、銀行、保険会社、植木屋や、海外旅行をすすめる旅行代理店や、もっと胡散臭い連中が、砂糖にたかる蟻のように集まった。胴巻に大金をうならせた百姓たちは、きっとおもしろいようにひっかかったにちがいない。しかし、豪勢に家を建ててみても、次の年には高い税金に頭を抱えねばならなかった。上等な植木をいれても、手入れをしないので枝が伸びきった。庭石は邪魔になった。スポーツカーの新車で事故を起こした者もいた。香港にいって偽の時計や宝石をつかまされてきた。

一九八〇年代のバブル経済を先取りしたような光景だ。バブル経済はまず郊外と化した村て起こっていたのだ。そして「胴巻に大金をうならせた百姓たち」とは、そのまま八〇年代のバブル経済期の日本人の姿と重なりあう。

肉親や出郷者たちも金にむらがってくる。満夫の兄の哲夫は高校を卒業して東京に出、銀行員となって、埼玉の団地に住んでいる。「子供が二人になると、公団のアパートじゃどうしようもねえんだ。建物のいい物件があんだよ。サラリーマンの夢さ」というマイホームの頭金の無心の電話がかかってくる。

そんななかでくりかえし挿入される満夫の子どものころの原風景。若かった両親の生活、祖母の語る家族の歴史、それらはすべて村が村であった時代の記憶である。団地はそれらのすべての死を告げる墓標のようだ。

地から湧いてでもきたように忽然と出現した団地の建物が、新型の白い墓石に見えた。横にひろがり上に積重なった墓地だ。

その「墓地」は高層であり、田や畑で働く村人を見下ろす視線と見上げる眼差しは次のように交錯する。これが団地と村の混住する心的現象となる。

散歩なのか、団地の女たちが子供の手を引いて歩いていた。女子供たちはアスファルトにならび、泥田であがいている満夫を見ていた。よくご覧、と女の声が風に乗ってきた。ヨシオちゃんも、学校にいってちゃんと勉強しなかったら、ああいうことをしなくちゃなんないんだからね。いやでしょう。泥水を投げるには遠すぎた。

だが満夫の兄が東京に向かい、サラリーマンとなり、埼玉の団地に住んでいるという記述から判断するならば、「団地の女たち」もまた少なからず満夫の兄と同様、村の出身者であるはずだ。一九八〇年代の日本社会は高度資本主義消費社会に入り、すでに故郷を忘却し、出自を扼殺するところまできていたことを、「団地の女たち」の「学校にいってちゃんと勉強しなかったら、ああいうことをしなくちゃなんないんだからね」という言葉は告げている。そして満夫の兄や「団地の女たち」が村から出郷し、都市へ向かい、サラリーマンやその妻となることで、郊外の団地に漂着し、そこで満夫の村と同様の現象をひき起こす動因となったのではないだろうか。ここに村の出身者が村を解体させるという郊外社会の逆説が生じるのである。

その団地の隣の畑で、満夫は農業に回帰し、ビニールハウスでトマト栽培をしている。自らの再生のために、ビニールハウスを自分の王国として、赤く光るトマトをアイデンティティとして生きようとする。団地のすべてに抵抗するようにして。だがしかしここにはすでに倒錯がある。団地の起源が占領にあったように、ビニールハウスによるトマト栽培もまたアメリカ的農法であり、団地とトマト栽培は対立するようにみえて、同質の根をもっている。このことは水田による稲作という日本的農法の不可能性を露出し、あえて農業に執着しようとするならばアメリカ的農法を選択せざるを得ないという情況を導き出す。農業もまたアメリカ化したのである。ビニールハウスのトマト栽培とは、化学肥料と重油によって管理されたトマトの工場生産化なのである。それゆえにこそ、水田による稲作という日本的農法にこだわる満夫の両親は、満夫とともにトマト栽培というアメリカ的農法に回帰できないのである。そしてそのトマトはコンピューターによって自動選別され、これもまたアメリカに出自をもつスーパーに出荷され、団地生活者のような消費者にわたることになる。団地の女たちがビニールハウスにトマトを買いに来たり、満夫が売りに行く場面がいくつもこの小説では描かれている。したがって、否定すべき対象である団地によってトマトが消費されることで、満夫のビニールハウスのトマト栽培は可能となるのである。しかし満夫がそうであるように、当然のことながら作者である立松和平もこの点については無自覚である。膨張し続ける消費社会よりも消滅しつつある農耕社会がこの小説の主題であるからだ。なによりも流通や消費ではなく、地面からの収穫が大事だからだ。女もまた農耕社会のメタファーで語られなければならない。母の土方仲間の娘との見合いの席で満夫は考える。

女と一日中いっしょにいる。ビニールハウスで女と二人丹精こめてトマトをつくる。彼がトマトの軍勢と戦っている時は、隣で女も同じように戦う。トマトが病虫害にやられそうならば、寝食も忘れ死にもの狂いで薬をかけ追肥をやり温度に気を配り、ふと横をむくと、彼と同じくらい真剣になった女がいる。ハウスに藁の寝床をつくり、抱きあって眠るのだ。ハウスの中に二人だけの部屋をつくってもいいではないか。トマトのような豊満な女の身体を好きなようにする。自分の生活で足りないのは女だと満夫は思った。

これが『遠雷』の「妻隠」なのだ。そして見合い相手のあや子を「子供をぺろりと産む女だ」と思う。村の女、祖母や母につながる農耕社会の女のイメージ、それはもはや幻想としての女性像にちかいだろう。『遠雷』と同年に発表された郊外の大学生田中康夫の『なんとなく、クリスタル』では、「三十代になった時、シャネルのスーツが似合う雰囲気を持った女性になりたい」

という女子大生が主人公だった。そしてこの同年に発表されたふたつの作品を比較すれば、その女性像において『遠雷』のほうがファンタジーであり、『なんとなく、クリスタル』のほうがリアリティをもってしまうのである。それはちょうど一九八〇年代において、農耕社会がファンタジー化し、消費社会がさらなるリアリズムを強化して日本社会を占領しようとしていたことを意味している。

さらにこれもまだ逆説的ではあるのだが、『遠雷』において、ビニールハウスのトマト栽培や女性像がファンタジーであるのと異なって、郊外に拡がる消費社会が妙なリアリティをもって描かれるのである。その郊外の消費社会を満夫は、生産者ではなく消費者として自動車で移動している。

「見合い」という儀式は郊外のドライヴインで行われ、中華料理を食べる。デートのときは北欧風建築のステーキ店に行き、性行為はモーテルで営まれる。村の外側は団地の出現によって消費社会として急速に膨張したのであり、あや子もガソリンスタンドの従業員だったのである。

金網の外側を迂回して大通りにでた。両側はガソリンスタンドやドライブインだった。ゴルフ練習場の緑色の金網が視界をさえぎっていた。工業団地の工場の屋根が広大な湖のように見えた。街の周辺には工業団地がいくつもあるのだ。
あや子の家は郊外レストランの横の道をはいった奥にあった。

このようにして、『遠雷』の郊外はロードサイドビジネスによって包囲され、ロードサイドビジネスとともに、物語の風景あるいは発生する場所へと変貌しているのである。

だが作者は、これらの団地や消費社会と融和することは望んでいない。作者の意図は団地や消費社会の出現によって農耕社会の村が解体されたことを主張したいからだ。それは幼友達の広次が団地の喫茶店の女と関係ができ、駆け落ちし、女を殺して戻ってくる場面に突出する。

満夫は上ずった甲高い声で叫んだ。

「団地なんか出来なけりゃよかったんだ。あいつらがきたのが悪いんだ」

「そうかもしんねえけどよ、金もらっちゃったんだから仕方なかんべ」

「最後の土地売れっていいにきやがった。ここから出てけってよ」

団地と村との混住は広次の殺人という臨界点で終止符がうたれる。そして村が消滅したばかりでなく、村人たちもどこかへ消えていくのである。広次の両親は家屋敷を売って町のアパートに移転し、その跡地は中古車センターになる。満夫とあや子の結婚式は自宅で行われ、かつての村人たちが一堂に介しての祝宴のなか、祖母は応接間でひとりで息をひきとっていた。満夫は祖母のかたわらで、結婚式のさわぎを聞きながら、「行くあてもなく航海している船だ」と思うのだった。

村の急速な郊外化を描く立松和平の『遠雷』は、『春雷』（八三年）、『性的黙示録』（八五年）の三部作として書き継がれる。『春雷』では、父は農薬を飲んでビニールハウスで自殺し、和田家はビニールハウスのある畑と家屋敷を手放して消滅する寸前のところまできている。『性的黙示録』では、すべてを失って都市へ漂着した満夫たちがアパート暮らしをしている。満夫はサラリーマンとなり、あや子はスーパーのパートに出ている。しかし農耕社会のアナロジーで結ばれた夫婦は、土地から切り離された今、もはや崩壊している。そして性だけが浮遊する記号のように点滅する。それが「性的黙示録」であり、満夫は会社の金を横領し、同じように都市へと漂着したわが隣人であるような社長を殺害し、広次と同じ殺人者となり、家族も完全な破局へといたるのである。

あの村の家はどうなっただろうか。ビニールハウスのあった畑はファミリーレストランとなり、屋敷はアスファルト舗装の駐車場となり、家の姿は跡形もない。農耕社会の風景が消費社会のそれに転化した。村は消費社会の風景のなかに埋葬された。

だが、立松和平の三部作と同時代に書かれ、村の土地成金の息子が消費社会で活躍する小説もある。それはもちろん村のメルヘンのようであり、立松和平の三部作同様、郊外の「憂鬱」を抱えているが。それは村上龍の『テニスボーイの憂鬱』である。

テニスボーイの本名は青木重久という。この土地の人間で、地元にステーキ屋を二軒経営している。この土地というのは、二十年前は山ばかりだった横浜北部の、新興の住宅地である。地主の一人息子だ。テニスボーイの父親は数十億の金持ちだが、残った僅かな土地でナスとトマトを作り続けている。従って青木家には土地成金にありがちな浪費による家庭不和や個々の精神的退廃はない。テニスボーイは来年三十歳になる。

ステーキ屋はロードサイドビジネスであり、土地を売った金を元手に始めた商売は順調で、多店舗展開をはかっている。そして高級外車を乗り回し、新興住宅民の眼差しをはねかえす勁《つよ》さをもっている。

路上で幼児が芋ムシごっこをやっていた。テニスボーイは静かにブレーキを踏み、母親が現れるのを待った。母親はでっぷりと太った眼帯の女で、4、5、0、S、L、C、の金文字板に十一回頭を下げた。頭は下げたが、視線の奥には憎悪があった。ねたむなよ貧乏人、メルセデスベンツに乗っていてもむちゃくちゃに不幸な人はいっぱいいるんだからな、テニスボーイは呟いた。

同じような土地成金の息子を主人公として描かれた立松和平の小説と村上龍の小説において、

なぜ片方は破滅し、片方は成功するのだろうか。それはおそらく、占領の捉え方の差異によっている。どちらも団地や新興の住宅地に占領された。しかしその占領が、満夫にとっては団地が「墓石」に見えるように死のイメージであったのとは逆に、テニスボーイは新興の住宅地に高度資本主義消費社会の快楽をかぎとったのである。満夫は農耕社会という生産の場所にとどまることによって破滅し、テニスボーイはロードサイドビジネスという流通と消費の場所へ転身することで成功者となるのである。しかしテニスボーイのサクセスストーリーもバブル経済の破綻したあとでは、やはり満夫と同様の道を歩んでいたかもしれない。

一九八〇年代に入って書かれたこれらの小説は、それ以前の郊外文学と異なり、郊外の風景の変容を物語っている。それは、自動車とロードサイドビジネスのある風景が定着し、すでにそれらが物語のメタファーやトポスとなってきているのである。そして『燃えつきた地図』ではまだ茫洋としていた郊外が、七〇年代から八〇年代にかけて膨張していく過程で、空白の地図のなかにさまざまな人間や建物やビジネスが書き込まれ、その輪郭がくっきり浮上してきたことを意味している。

そして、この一九八〇年代の郊外社会を女性の視点からみたら、どのような風景となるのか。流入した人々、すなわち団地と新興住宅地の混住はどのようなものになるのか。それを描いたのは、富岡多恵子の『波うつ土地』（八三年）である。『波うつ土地』の郊外は、もはや村は消滅し、団地と新興の住宅地に占領された丘陵地帯である。団地や新興の住宅地は田や畑ばかりでなく丘陵にまで及んだのである。主人公の元詩人共子の住むM市は次のように説明される。

M市を通る私鉄が開通した昭和の初めのころ、わたしや容子やアミコさんたちの利用しているT駅で乗り降りするひとの数は、年間で二百人だったというのである。その三十年後には人口六万だったのが、五十年後には三十万である。この急増はほとんどダンチのおかげである。標高百五十メートル前後のなだらかに広がる丘陵と谷戸の土地には、ヒトがおそろしい勢で住みつきつつある。ヒトがつがいになり、家族をつくり、棲家を求めてこの土地にやってきた。

この『波うつ土地』の郊外は、『燃えつきた地図』と同様にふたたび溶解し始めている気配がある。それは『遠雷』にあった労働や『テニスボーイの憂鬱』の消費社会の快楽が姿を消し、「ヒトがつがいになり、家族をつくり、棲家を求めてこの土地にやってきた」という、いわばベッドタウンとしての郊外が、女性たちの日常生活を通じて描かれるからである。ベッドタウンとしての郊外は、労働を外部へと押しやることで成立し、そこでは人間は「ヒト」と呼ばれ、「棲家」は「ダンチ」に象徴される。古井由吉の『妻隠』にあった礼子のような故郷の桃のイメージに覆われた郊外の家刀自は、この『波うつ土地』には存在しない。無機質で、記号的存在のような登場人物たち。『妻隠』に垣間見られた郊外の可能性ははるかに後退している。それはおそらく、この『波うつ土地』の郊外のベッドタウンとは、「ヒトがつがいにな」る「棲家」ではあっても、「妻隠」する場所ではないことを物語っている。その象徴としての「ダンチ」。

どこのコンクリートの箱の村にも、箱と箱の間にクルマの置き場があって、ずらりとさまざまな色のクルマが並んでいる。コンクリートの箱は四階とか五階になっており、それぞれの階にはたくさんの部屋、つまりそこの住人の「家」がびっしりとつまっている。「家」にはいくつかの小部屋があり、男の住む「家」には、六畳二間と四畳半一間と五畳くらいの食堂兼台所、及び風呂と便所があった。それで家賃は二万円くらいだ。

「コンクリートの箱」「クルマ」、3DK、「家賃は二万円」というカタカナと数字によって描写される「棲家」からは、『妻隠』の郊外のアパートにあった夫婦の濃厚なエロスは想像することができない。ひたすら機能性だけが想起され、それは生活する場所というよりモノのようだ。それは「ダンチ」ばかりではない。新しい住宅街もそうなのである。

アミコさんの家を含む八軒の家の前を、まだひとの入らぬころ通ると、一軒一軒かたちがちがって、建設会社のモデルハウスの展示場のように思えた。ひとが住んで何年かたつ住宅の区域でも、斜面の土地が切り売りされ、買ったひとたちが思い思いに注文して建てた家であるから、そういう家々の間を歩くとやはり家の展示場を歩いているような気になることがある。住宅会社でパンフレットを集め、或いは住宅の情報雑誌や建築雑誌を眺め、なんとか安あがりで見かけのいい家をつくろうとした努力のあとが、散歩で通る道の新しい住宅街には並んでいるのである。プレハブの既製品もあれば、スペイン風や、アーリー・アメリカンを真似た家もあるが、たいていは、似たり寄ったりの家が並んでいる。

「建設会社のモデルハウスの展示場のよう」であり、「プレハブの既製品もあれば、スペイン風や、アーリー・アメリカンを真似た家もあるが、たいていは、似たり寄ったりの家か並んでいる」風景。「ダンチ」と同様に大量生産された画一的で均一的な住居のある風景。そしてこれらの「ダンチ」や住宅地のある丘陵は絶えず開発が進行中であり、「景色が変わってしまう」という風景の流動する日常生活に包囲されている。これが『波うつ土地』の郊外だ。

この郊外のなかからどのような物語が出現するのか。村は消滅し、エロスを喪失し、機能性に満ちた郊外の日常生活は、「クルマ」の存在によって規範化されている。

「どうしてこのごろたいてい子供ふたりだかわかる?」とわたしはナゾナゾ遊びのようにいった。

「家が狭いからじゃない？　それに教育費が高いから？」

「それもあるだろうけど、一台のクルマに家族で乗れる人数じゃない？」とわたしは笑った。

「うしろに三人乗れるわよ」と組子は笑った。

「でも、中型とか小型のクルマなら四人じゃない？」

「あ、そうか、子供五人だとクルマ二台いるものね。そうだわ、多分。クルマの定員なんだわ」と組子は大声ではしゃいだ。

「クルマなのよ、すべては。それに、乗物も食堂のテーブルも四人がけでしょ。五人じゃ半端よ。うちの近所もみんな子供はふたり。そうでなきゃひとり」

「そう、わたしの学生時代の友だちも結婚しているひとは、みんな子供ふたり。たいてい男の子と女の子」


「クルマの定員」が子どもや家族の数を決定する郊外社会。そしてこの丘陵のある郊外もまた「クルマ」によってしかその全体像を測量することができない。

クルマで、丘陵を切り通すアスファルトの道や、谷戸をぬける広すぎると思えるような道をぐるぐるまわり、坂が多く、上下の激しい住宅地の道を通りぬけていると、文化会館で見たパノラマ模型の土地の波が現実感をもって思い出される。

「クルマ」によって初めて「土地の波が現実感」をもつようになる。このことは自動車社会の成立を待って、郊外が丘陵という場所へと高層化されたことを示している。「上下の激しい住宅地」とは、徒歩や自転車やバスでは生活が成り立たない空間である。したがってこの『波うつ土地』の郊外とは、「クルマ」によって膨張し、高層化した場所であり、人間関係のコミュニケーションもまた「クルマ」の介在を必要とする社会なのである。

そのことを象徴するように、『波うつ土地』はテレビでの若い男女の休みにはドライブするという会話から始まり、共子が「ダンチ」に住む男と話している場面に切り換わる。

「お休みの時は、なにしていらっしゃるんですか」(中略)

「そうですねえ、たいていクルマでぐるぐるその辺を走っています」

「あー、クルマで――」

この男は、「『喋る』ことでわたしを楽しませ、またふたりで楽しもうなどとは、考えてもみない種類の人間」であり、「クルマの値段だけ」がその「『自信』を証明する唯一のモノ」としている。最初から人間関係の成立の不可能性が告げられているのだ。郊外にあるぽっかりとした空虚、のっぺらぼうのイメージ。しかしふたりは「クルマでぐるぐるその辺を走」る。とりあえずは「クルマ」を介在して、混住したのだから。そしてロードサイドビジネスのある風景に吸いこまれていく。


「なにか飲みたいんですけど。のどがかわいて――」

「喫茶店はこんなところにはないでしょう。ファミリー・レストランしかありませんよ」

「ファミリー・レストランってなんです?」

クルマはしばらく走って、街道筋の、ガラス張りの八角形のような建物のそばの広い駐車場へ入った。「in」と「out」という文字が、駐車場の両側でひかっている。

「アーソーか、クルマだと、駐車場が要るわけですよね。だから急に、喫茶店を見つけても入れないわけですよね。それで、こういうところが、クルマ族のためにあるんですね。そういえば、こういうのが近ごろ、あちこちにありますね」とまたもわたしは感心する。(中略)

レストランの名前は、はじめて見たような気がしない。あちこちで、タクシーやバスに乗った時見ている名前だった。多分、チェーンで同じ名前の店があるのだろう。

「アメリカみたい」と席についてわたしはいった。

まわりのひとが、ハンバーグにコカコーラを前にしているからではなかった。雰囲気が映画に出てくるアメリカの田舎の街道筋のレストランみたいだった。

このファミリーレストランは標識からいっておそらく「すかいらーく」であろう。ロードサイドビジネスのある風景、それは郊外と自動車の婚姻を示し、その風景は「アメリカみたい」である。したがって『波うつ土地』の郊外とは、一九八〇年代になって出現したアメリカ的生活様式に覆われた世界でもある。ちなみに東京ディズニーランドの開園もこの小説の発表された年と同年であった。

身長が一メートル八十八センチで、体重は八十キロ以上ある男は、酒も煙草《タバコ》もやらず、「健康優良児」で、共子とは正反対の存在である。ファミリーレストランのハンバーグやスパゲッティをおいしそうに食べる。アメリカ的生活様式の世界から出現したような大男。「四十二歳と四十四歳の男女であり、両方ともが所帯を持ってそれぞれに結婚生活をしてきているわけであるから、(中略)喋ることもあると思った」。しかし「コトバで会話ができない」のだ。

コミュニケーションの成立しない男女関係において、恋愛や情事は不可能であり、「性交」、すなわち肉体の機能性としてしかその関わりを見だすことができない。

コトバで男と会話ができないので、わたしは性交という会話を求めたのだった。

けれども、わたしはこういう会話の順序を求めていたのではなかった。その男とコトバで会話ができ、それを充分楽しむことができれば、性交を求めたかどうかわからなかった。わたしのコトバが受けつけられず、コトバが帰ってこず、コトバがゆきかうことのない者のとりつく島は性交という会話だった。

それならば共子にとって、「コトバ」の失われた世界での「性交」とはなにを意味しているのか。それは、男を徹底して「陰茎と呼ばれるモノ」と扱うことで、男の背後にある「ダンチ」や「クルマ」やファミリーレストランに象徴される日常生活の風景を揺さぶろうとしているかのようだ。「性交」とは、郊外の「結婚しているのに単独者」である共子が、「定住民族」ではない男に仕掛ける「攻撃の衝動」の表出である。なにが攻撃されるのか。それは「コトバ」を失い、「モノ」としてしか扱うことのできない男の内側に拡がっている、郊外の日常である。歴史や物語が立ち上がる予感なき日常、機能的で、凡庸な「ダンチ」や「クルマ」やファミリーレストランが必然的に郊外の風景を覆っている日常。男はそのなかにいる。

あの大男は、ずっと日常なのだ。ひとの性も旅であり祭である。日常のなかの非日常だ。性のなかで見る夢は近似値的な死への接近だった。あの男は、非日常も日常で埋めようとした。（中略）その日常の規準で非日常を計り、そのシーンを日常でぬりつぶし、非日常へ飛躍しなかった。性にさえも、コワイものは見ない。しかもあの男は、日常の苦しみをも避けようとしている。日常の苦しみを避けているから、非日常が不要なのだ。

このように、共子の男を「モノ」として扱おうとする「攻撃の衝動」は、男の「日常」のなかで溶解していく。「日常のなかの非日常」である性も旅も祭も、永遠に変わろうとしないような「日常」の内側に回収され、その役割を停止している。なぜならば、この『波うつ土地』の郊外の団地と新興の住宅地の混住社会は、「たんにまだ土地が安いという理由」だけで成立したものであり、土地そのものがまず「モノ」として捉えられることで出発した社会なのである。そして「モノ」と化した土地の上に建つ住居もまた「モノ」にほかならない。そのなかに住む人間も「モノ」に接近する。

それならばこの『波うつ土地』の郊外には本来の意味での「ヒト」は存在しないのだろうか。共子は縄文時代の住居の復元から、次のように原始の時代を幻視するようになる。

おそらく、大昔、ダンチのある丘陵には樹木が繁り、湧水があり、谷戸には小川や水たまりがあって、水を求めて鳥やケモノが集るから、そこに住むヒトは魚やケモノの肉や木の実を得るのに便利であったのだろう。住居跡や出てきた石器や土器が縄文時代かそれより前のものが多く、弥生時代のものが少ないらしいのも、丘陵と谷戸の土地が、稲作には平地より不利だったからであろう。一万年前とか七千年前とかいわれても、時間の量として想像できないけれども、うっすらした陽をあびるなだらかな谷戸と丘陵とを見はるかして立っていると、こういう気持のよい場所にヒトが住みたくなったのは、当然のように思えてくるのである。

土地は、海の方からおしよせてきて波うっているのか、それとも、陸の奥の、芯の方からおしよせてきたのか、この丘陵と谷戸の土地は、近年、都会からおしよせてきたヒトをのせて、波は大きくうねっているのだ。

ここで初めて、「日常」に覆われた『波うつ土地』の郊外の風景が時代を遡行して復元されることで、「モノ」としての土地ではなく、狩猟や採集の空間となり、「気持のよい場所」となる。そして現在の「都会からおしよせてきたヒト」を乗せた「波うつ土地」は、原始の時代から何万年にわたってその風景を変えてきた歴史をもっている。現在の郊外の風景もまた、時間のスパンからみれば一時的なものにすぎない。確実なのは、「ヒト」が死ぬように、風景も変わるということだ。当然のように「モノ」もまた発生と消滅をくりかえす。

そして縄文の時代の狩猟や採集の風景が丘陵地帯の「ダンチ」の工事現場と重なっていく。変貌していく丘陵地帯。何万人もの「ヒト」が住むことになるだろう来たるべき風景。だがそれもいずれ消えてしまうだろう。そう考えると、「土の中から忽然とあらわれ」た工事現場で働いている男が縄文人の末裔のように映り、「土地の上ではじめてヒトに会ったと思」う。男はいう、「景色ががらっと変るからね」。

共子はこの男に対して、「ほとんど恋のような気持にひた」る。変わらない「日常」ではなく、変わる「非日常」をこの男が体現しているからだ。共子はこの男と「性交」ではなく、「交尾」を夢想し、ともに消滅していく風景を想い浮かべる。何万年かまえに縄文人たちが消滅したように。

谷戸へおりて水をのむ。ケモノと同じように、太陽の光線の中で交尾する。言葉もなく、いいわけもなく。ふたりは、土地の波にのまれて消えてしまうのだ。景色の中で消えてしまうのだ。まるで巨大なタブローのような景色の中へ。

これがこの『波うつ土地』のクライマックスだ。郊外の風景のなかに縄文時代を幻視することで回復される至高の瞬間。そしてこの瞬間とは、郊外における死のイメージの突出にほかならない。そして、死の対極にある「モノ」としての「健康優良児」の大男とはアメリカのメタファーのように思える。

これまで安部公房の『燃えつきた地図』から始まって富岡多恵子の『波うつ土地』まで、さまざまに変奏された郊外の風景を横断してきた。だが、彼らの描いた郊外とは、都市や地方を経由してたどりついた眼差しのもとに構築された郊外であり、たとえ彼らが郊外に住んでいたとしても、郊外の出身者ではなかった。しかし一九八〇年代になって、高度成長下に生を享《う》け、郊外で育ち、郊外を故郷とする作家がようやく登場することになる。つまり安部公房の『燃えつきた地図』の冒頭の団地の風景のなかに描かれていた「赤い乳母車の中で、頭からシーツをかぶった赤ん坊」や「銀色に光る変速つきの軽合金自転車に乗った少年」が成人する時代となったのである。そしてそれは、島田雅彦のデビュー作『優しいサヨクのための嬉遊曲』(八三年)に始まる一連の作品によって明確に描かれ、郊外や団地を故郷とする世代によって書かれた初めての郊外文学であるといっていいだろう。それならば島田雅彦の文学に表出する郊外とはなにか。

それはまず「幽閉者」の感覚として語り出される。

千鳥の部屋の窓は厚い曇りガラスで、窓の向こう側には黒いアルミ格子が入っていた。外からこの部屋をのぞくと、彼は幽閉者ででもあるかの如く見えるかもしれない。いや、彼は現にこのベッドタウンのマンションにあっては幽閉者だった。看守も訪問者もいなかった。誰も彼の部屋をのぞかなかった。しかし、幽閉者はのぞかれたかった。たとえば彼女に。

なにによって「幽閉」されているのか。それは一九六〇年代に郊外に生まれたという「宿命」によってである。千鳥はいう。

宿命ってのは、要するに僕が六〇年代に生まれたことに原因の多くはあるんだ。僕はベッドタウンに生まれたんだぜ。僕より前の世代で、ベッドタウンに生まれることができた人はおそらくいないと思う。僕は最初のベッドタウン二世なんだ。つまり、ベッドタウンに移ってきた僕の親が一世でその子が二世ということなの。親はサラリーマンだから子もサラリーマンの世襲《せしゅう》をするのが相場だよ。東京近郊に住んでればよっぽどの理由がなきゃサラリーマンになるよ。ホワイトカラー層が増えれば保守化するだろうね。それは家庭的な人間が増えるからしようがないけど。でも、変革もやはり同じ階級の人間がやるべきだぜ、やっぱり。

「最初のベッドタウン二世」であるということは、「長く日本人の生活様式の中にあった神棚や仏壇、床の間、障子、廊下、雨戸などは消えて」（舟越健之輔『箱族の街』）しまった団地のような鉄とコンクリートの集合住宅で成長したことを物語っている。消えてしまった日本人の生活様式のかわりに、テレビに代表されるモノで埋められた空間、画一的な住居、そしてなによりも特筆すべきは、次のような感覚を初めて体験して育った世代であることである。

彼が憶えている最も古い記憶はもみじのような可愛らしい手でエレベーターのボタンを押したことである。彼は転ばないようにいつも気をつけていた。アスファルトの上で転ぶと怪我《けが》がひどくなることをよく知っていたからだ。（島田雅彦『大道天使、声を限りに』）

「エレベーター」とは住居の高層化を示し、「転ばないようにいつも気をつけていた」とは、生活空間からすでに地面が消滅していたことになる。このように一九六〇年代に生まれた「最初のベッドタウン二世」の生活空間とは、六〇年代以前に生まれた日本人と比較すれば、まったく異なる人工的環境であり、そのなかで「それこそ日本のＧＮＰが成長するように」（『大道天使、声を限りに』）育ったのだ。

そのような「最初のベッドタウン二世」の原風景が、島田雅彦の作品のなかに主旋律としてさまざまに変奏される。

ダンプカーが土を運んでいく光景は今でも目を閉じると再現される。彼は小学生の頃、よく近くの宅地造成地へ行った。丘を切り崩し、マンション艦隊の土台ができる過程を彼は観察したのだった。工事関係者以外立入禁止の区域で彼はブルドーザーの音を聞きながら砂遊びをしたのだった。彼が中学生になる頃、艦隊は威容を現した。それを見た彼は熱い感動にうちふるえた。キトー一家はその艦隊の中の３ＤＫの船室を買い、住みついた。そこか彼の新しい故郷となった。

というわけで彼にとって工事現場やコンクリートの塊は郷愁をそそるものであり、森や野原と巨大なコンクリートの立方体の関係は調和の美なのであった。美しい故郷、新興住宅地。彼は自分の故郷によく似たこの場所でほのぼのとした気分に浸った。

（島田雅彦『亡命旅行者は叫び呟く』）

「ミヤビちゃん、きょうからここに住むのよ」

雅は父親の肩ごしに区画整理された分譲地を見た。五十メートル先では黄色いブルドーザーが赤い土を引掻いていた。その後ろには緑色の衣裳を剝ぎ取られて裸にされた丘が見えた。雅は丘の赤い地肌が怪獣に見え、思わず身を引き、父親の背中から落ちそうになった。

「おうちに帰ろう」雅はか細い声でいった。

「帰るおうちはないのよ」と母親が答えた。彼女の逃亡者のような呟きは雅を不安にした。

「ねえ、帰ろうよ」

「前のおうちには帰れないんだよ」今度は父親がいった。

雅は都会とも農村とも違うおできのような町が墓地に似ていると思ったのだった。墓地に住んでいるのは死者だけなのに、なぜ自分たちはここに……。

雅は新しい墓、いや家を前にして、泣いた。泣き声はブルドーザーのエンジン音、時々通るダンプカーの音、すずめのさえずりなどと交って、とりとめのない音楽になっていた。

（島田雅彦『夢遊王国のための音楽』）

島田雅彦における郊外の原風景とは、このように一方では「美しい故郷」であり、また一方では「墓地」のように捉えられる。「墓地」が「美しい故郷」となる。これが「最初のベッドタウン二世」によって発見された郊外なのだ。「工事現場やコンクリートの塊は郷愁をそそるもの」となり、「森や野原と巨大なコンクリートの立方体の関係は調和の美」となり、「ブルドーザーのエンジン音」や「ダンプカーの音」が「音楽」となる「美しい故郷、新興住宅地」。そしてそこは日本であってもはや日本ではない。まずは言葉が変わる。それは『優しいサヨクのための嬉遊曲』というタイトルに象徴的に示されている。「左翼」がこのような「美しい故郷、新興住宅地」に姿を現すとすれば、カタカナの「サヨク」としてしか蘇生することができない。

それでは郊外の「サヨク運動」とはなにか。主人公の千鳥姫彦はソ連の反体制運動を研究する大学のサークルに加入する。サークルには規則も強制もなく、ゆるい結びつきしかない。

> ベッド村のマンションから稼ぎ人たちが、仕事に出かけるように通いでサヨク運動ができると千鳥は思った。危険はないと。趣味のサヨク運動はベッド村の千鳥にぴったりだった。

そして「趣味のサヨク運動」のなかで、千鳥は「革命家」ではなく、「僕は変化屋です。変わるヘンカの」と自称する。言葉が変われば行動も変わる。「デモは単なるスポーツ」として認識され、そのシュプレヒコールは次のようなものとなる。

「畜生、ハラショー」
「ワッショイ、ポリショイ」
「安保反対、あんた変態」

（島田雅彦『優しいサヨクのための嬉遊曲』）

このような「趣味のサヨク運動」と自分について、「根無し草だよ。俺たちのやってることはママゴトみたいなものかもしれない。新興住宅地出身者、偉大なるオナニスト」であると千鳥は考える。

すでに郊外とはパロディ、パスティーシュ、シミュラクルの王国なのだ。それを演技することがまた「最初のベッドタウン二世」の「宿命」でもある。

〈僕が森を散歩すると芝居になる〉と千鳥はよく思った。

新興住宅地が広がっている丘には森がある。それは何か森的なものを失ってしまった森で、芝居の舞台装置に似ている。彼にはそういう森がうってつけで、本物の森は似合わない。

「最初のベッドタウン二世」である千鳥にとって「本物の森」はふさわしくない。それは千鳥の原風景が、ダンプカーやブルドーザーによって人工的に造成された郊外の誕生のなかに存在するからである。したがってオリジナルは排除され、「芝居の舞台装置」のような空間を身近に感じるのである。そしてこの「何か森的なものを失ってしまった森」が千鳥とみどりのデートの場となり、そこが『優しいサヨクのための嬉遊曲』の「妻隠」の空間となる。そしてふたりの恋愛関係は、この小説の狂言回しの存在である「社会主義道化団」の地方出身者として想定されている、これもまたパロディ的命名の無理、田畑、石切によって次のように揶揄される。

「あいつもねえ面白い奴だよ。新興住宅地の人間らしいよ。どうやら家庭がお似合のようですな。相手も団地娘だっていうじゃねえか。将来の団地妻ね、『おマンコしてして』だよ。団地娘と団地息子。なんか、ママゴトみてえだな。新興住宅地ってのはママゴトが似合うね。日和見《ひよりみ》の温床だよ。新興住宅地、団地ね、そういうのは収容所と変わんねえよ。お二人さん収容所入りだね」

この揶揄の部分にはふたつのことが語られている。ひとつは、地方出身者の視点から捉えられた「新興住宅地」「団地」という郊外が保守化された空間であるということだ。それは地方よりもむしろ郊外のほうが「日和見の温床」となっていることを告げている。もうひとつは、「最初のベッドタウン二世」である「団地娘と団地息子」が一九八〇年代に入って成人し、婚姻する時代になったことが語られている。それはつまり「新興住宅地、団地」に象徴される郊外がすでに歴史をもち始め、「団地娘と団地息子」のとりあえずは「ママゴト」のような故郷となったことを意味している。「団地娘と団地息子」は、サラリーマンの子どもであり、必然的にサラリーマンを世襲する「宿命」にあり、「家庭的な人間」で「平凡な人間」である彼らは「保守化」している。それゆえにこそ、社会に対しては「ヘンカ」を求める「サヨク運動」に通いで参加し、一方では「日本人の夢見るユートピアは3LDKのマンションのようなもの」(『大道天使、声を限りに』)と考える。その両者の合体が八〇年代の郊外の大学生の物語であり、この『優しいサヨクのための嬉遊曲』の示す位相なのである。

「団地息子」の千鳥は「サヨク運動」から転向し、郊外のユートピアを実現しようとする。そのためには郊外の家刀自ならぬ郊外のイノセントのような存在を必要とする。そして「団地娘」みどりが郊外のイノセントとして設定され、バージニヤと命名される。「団地息子」と「団地娘」の婚姻が郊外のユートピアを実現させるのである。

家庭的なサヨク活動家は聖母みどりを略奪することを社会変革と見なした。略奪は計画的に行われねばならない。用意周到な計画さえたてれば。……完璧なシナリオがあれば……。

千鳥の最終目標は〈お婿《むこ》さん〉になることだ。それは高校以来の念願でもあった。

このようにして、「団地息子」は「家庭的なサヨク」となり、一九八〇年代の郊外の恋愛は「社会変革」と見なされる。「左翼」における「革命」が「サヨク」にとっては「恋愛」となったのである。そしてそれは「用意周到な計画」と「完璧なシナリオ」によって達成されなければならない。「用意周到な計画」とはシステムであり、「完璧なシナリオ」とはマニュアルである。消費社会の技術革新が恋愛のなかにも表出し始めている。郊外とは「芝居の舞台装置」であり、そこで演じられる恋愛はエロスが稀薄化し、芝居の書き割りのようでもある。その恋愛の行方について千鳥は「ハッピーエンドは架空のつくりものか青い鳥のようなものらしい」と考える。「サヨク運動」から転向し、「愛」を選びその選択について考える千鳥に、郊外のイノセントであるみどりは次のようにいう。

「ふふ、考えても駄目よ。考えるっていうのは悩むことなのよ。悩んだり、苦しんだりしたくなかったら考えない方がいいんですって」

千鳥の守護神、聖母、彼が入れるぐらいの大きさの容器＝みどりはいった。それは千鳥だけでなく全人類をも救済しうる言葉だった。

これがおそらく「最初のベッドタウン二世」が獲得した新しい郊外の感受性であり、先行する郊外の世代が身につけることができなかった視座である。これまで論じてきた安部公房の『燃えつきた地図』から富岡多恵子の『波うつ土地』にいたるまで、それぞれの登場人物たちは郊外という生成しつつある場所について「考えて」いた。「考えるっていうのは悩むこと」だ。なぜ彼らは「悩ん」でいたのだろうか。それは郊外の風景と彼らの原風景が異なるものであり、切断されていたからだ。しかし島田雅彦の『優しいサヨクのための嬉遊曲』に始まる一連の作品においては、郊外がすでに原風景として成立してしまったことを意味している。

それゆえにこそ冷静にその郊外の原風景の生成と歴史を内側から凝視しようとする。それが、郊外は「美しい故郷」にして「墓地」という引き裂かれた視座となる。郊外のイノセントたるみどりのいない他の作品にそれは表出している。

以後、このおできのような町、人が住む墓地は急速に日本各地で膨張してゆく。居場所を追われた森の精霊や山の神々は没落して、都市の悪霊になるか、別天地を求めてさまよう亡命者になった。

亡命者になったのは神々ばかりではない。実はこの世界の住人たちも程度の差はあれ、亡命者だ。亡命者と呼ばないまでも、彼らの生活様式はやはり車輪のない馬車に乗っているジプシーにそっくりだ。彼らは一つの場所に根をおろす必要は感じないが、絶えず移動し続ける気分にもなれない。いつ移動するかわからないが、しばらくはここにいなければならないのである。彼らは今住んでいる場所を愛したり、自慢したりしない。彼らはそこにただいるだけなのだ。

おっかなびっくり存在している世界は極めて抽象的な世界である。（中略）敢えて、護ろう、愛《め》でようという気を起こさせるものは何もない。あるのは捨てても惜しくない消耗品ばかり。この抽象的な世界で千々石一家はせっせと具体的なものを集めてきた。例えば、マイホーム、お友達、植木、小鳥、比較的高級な家具、お稽古事、雑多な収集物、肩書きなどである。具体的なものに固執するのは世界や自分自身が抽象的であることに不安を覚えるからだろう。(中略)この際、自分が抽象的であること、実在感を感じないことに耐え、ひいては楽しむしかない。

(『夢遊王国のための音楽』)

「最初のベッドタウン二世」に映った「美しい故郷」は、「捨てても惜しくない消耗品」に囲まれた「抽象的な世界」であり、郊外に生まれるとは「亡命者」に生まれつくことにほかならない。そして自らも「亡命者」であるという意識は、「亡命者」の空間である郊外を誕生させた高度成長期以後の日本人や日本社会を批判の対象としてゆく。高度成長期とともに成長した「最初のベッドタウン二世」によってそれは次のように批判される。

日本人とは、近代というハリボテばかりが所狭しと並べられた舞台の上で、スタニスラフスキーシステムか何かで精一杯現実に近づこうと演技する役者のことだ。欧米直輸入の近代に合成着色料めいた大和民族のロマンを混ぜた偽ブランド近代にすがる人々のドラマは感動的でさえある。戦後になると、ハリボテの近代が自業自得で破損するのを見るや、日本人は開き直ってフェティシズムへ走った。神器とまでいわれた家庭電化製品、自動車。物が日本を代弁してくれるまでになった。物に埋まって我を忘れかかっていた時、ある日本人は気づいた。「そういえば俺は人間だった」と。しかし、「俺たちは人間なんだぞ」と叫んだところで「パオーン」という空しい遠吠えにしかならなかった。

（『大道天使、声を限りに』）

「ある日本人」とは三島由紀夫のことであろうか。

「物が日本を代弁してくれる」社会とは、もはや日本人がアイデンティティを喪失した時代に生きていることを示し、それがそのまま「最初のベッドタウン二世」の位置と二重写しになる。一九八〇年代の郊外はロードサイドビジネスの風景に塗り替えられていき、風景もまた日本ではなく、アメリカの風景へと変容していく。そして皮肉なことにロードサイドビジネスの建物、商品、システムもまた、島田雅彦の文学の手法であるパロディ、パスティーシュ、シミュラクルにほかならない。なによりもアメリカ的生活様式という形態の。そのことによって郊外生活者の位相こそは、そのまま日本人の等身大の姿となってしまったのである。

そして郊外の空間とは次のように認識されるにいたる。

このままでいれば破滅するし、このままでいなければ破滅するという不安をどうすることもできないのがこの世界の人々だ。彼らに必要なのは「私」も「人間」も「世界」もとうの昔から幻だったことを悟ることだろう。「私」は幽霊になり、「人間」は人形になり、「世界」は影になってしまったのだ。

（『夢遊王国のための音楽』）

「破滅」の予兆に包まれ、「とうの昔から幻だった」郊外という「抽象的な世界」を生きることは、どのようにして可能なのだろうか。それは「自分が抽象的であること、実在感を感じないことに耐え、ひいては楽しむしかない」。そのためには自らを「サヨク」や「オナニスト」や「亡命者」や「ヒコクミン」（『亡命旅行者は叫び呟く』）と命名し、パロディ、パスティーシュ、シミュラクルを装いながら、郊外の青二才として、あるいは「模造人間」（『僕は模造人間』）として生きることを宿命づけられたのが、郊外を「美しい故郷」とも「墓地」とも感じる島田雅彦のような「最初のベッドタウン二世」なのである。

この「最初のベッドタウン二世」は、郊外の未来に「破滅」の予兆を感じると同時に、郊外の起源をも透視しようと試みている。地面が消滅し、コンクリートの人工的な風景が出現し、「捨てても惜しくない消耗品」に囲まれた「抽象的な世界」は、どのようにして誕生したのか。

日本は戦争に負けて自由の女神のあくどい使者たちに占領されたのだった。その頃、キトーの父は兎追い、小鮒釣った田舎に住んでいたが、そこにも風景に溶け込まない異物がやってきた。

父キトーは橋の下に仲間とたむろしていた。そこへパンパンガールを乗せた占領軍のジープが走ってきた。（中略）
見世物が終るとジープは基地に帰ってゆく。父キトーと仲間はそれを追いかけて叫んだ。「チューインガムサービス、ギブミービア、アメリカ万歳」国に帰ればただの人、占領地にいれば貴族か大臣のアメリカ兵は、厄払いの儀式のようにチューインガムを投げてやるのだった。（中略）
「おまえら、恥ずかしくないのか、みっともないからそんな真似はやめろ。それでも日本人か」しわがれ声で彼はいった。
「日本人は八月一五日から変ったんだ」と父キトーは答えた。
父キトーは〈和を以《も》って貴《とうと》しと為《な》す〉世界に侵入してきた異人を憧れの眼差しで見て、今に見てろよ、俺だって女を連れてジープを乗りまわして、威張ってやるからなと思った。それにしてもアメリカのチューインガムはうまいとも思った。
（『亡命旅行者は叫び呟く』）

またしても占領である。この占領下の子どもである父キトーが「最初のベッドタウン一世」なのである。占領とともに農耕社会に突然やってきたアメリカ、そのアメリカはジープやチューインガムに象徴されるモノだった。モノに象徴される「異人を憧れの眼差しで見て」、「今に見てろよ、俺だって女を連れてジープを乗りまわして、威張ってやるからなと思った」のが「最初のべッドタウン一世」であり、それは島田雅彦の親の世代にほかならない。それはまた高度成長期の日本人の心的現象だった。

「日本人は八月一五日から変ったんだ」。なにに変わったのか。「サヨク」や「オナニスト」や「亡命者」や「ヒコクミン」の祖型となったのである。このように「変った」日本人は、村や町、都市や地方に安住することができない。そこはまだ日本であるからだ。彼らの約束の地とは必然的に、高度成長期とともに誕生しつつあった団地に始まる郊外ということになる。「地方から逃げてきたり、都市から締め出された亡命者たちのゲットー」(『亡命旅行者は叫び呟く』)としての郊外。「具体的なもの」は「マイホーム、お友達、植木、小鳥、比較的高級な家具、お稽古事、雑多な収集物、肩書き」といった「捨てても惜しくない消耗品ばかり」に囲まれた「抽象的な世界」(『夢遊王国のための音楽』)としての郊外。自動車社会の進行とともにロードサイドビジネスの風景に覆われていく郊外。島田雅彦のデビューと並行して、郊外は消費社会となっていく。一九八〇年代の日本社会こそは占領時のアメリカの産業構造とそのまま重なるものとなった。消費社会による農耕社会の征服が完了した時代だった。日本がアメリカとなったのだ。そしてそれが『優しいサヨクのための嬉遊曲』で、千鳥が感じている「幽閉者」意識に表出していくのである。

一九七二年の奥野健男の『文学における原風景』から約十年のあいだに、しだいに文学の原風景が都市や地方、町や村ではなく、郊外へスプロールしていく過程を、安部公房から島田雅彦にいたる郊外文学の誕生と系譜のなかに追跡してきた。そして次のようにいえることができると思う。江藤淳は『成熟と喪失』（六七年）で、「第三の新人」たちの作品のなかに農耕社会から工業社会に転換していく日本社会のイメージをみていた。そしてそこに農耕社会の「母の崩壊」を発見する。そうした「第三の新人」たちの作品と比較して、「内向の世代」以後の作家たちは、工業社会から消費社会へ、都市や地方から郊外へと物語の風景が変容していく七〇年代以後の日本社会のイメージを描いていたといっていい。そしてそこで描かれた郊外や消費社会は、高度成長期以後の日本社会がなんであったかを否応なく問い、その背後に存在する敗戦と占領の現実を浮かび上がらせる装置として機能している。

だが「最初のベッドタウン二世」である島田雅彦にとっては、もはや物語の発生する場所とはその郊外以外ではありえない。郊外が物語の「美しい故郷」となり、「墓地」ともなったのだ。それは俵万智にとってハンバーガーショップが短歌のトポスとなり、引間徹にあってはコンビニエンスストアが詩のメタファーとして成立するのと共通している。

このようにして一九六〇年代から進行した郊外社会は、七〇年代に成立し、ロードサイドビジネスばかりでなく、文学をも内包しながら膨張していき、八〇年代を迎えたのである。

# 第5章　郊外の行方

団地アパートにひるがえる洗濯ものが何故醜く、農家のわら屋根の傍に干してあるおしめが何故美しいのだろう。

（江藤淳『アメリカと私』、傍点原文）

私の前に一冊の写真集がある。それは小林のりおという写真家の『ランドスケープ』という作品集である。この写真集は、一九八〇年代半ばの東京や横浜の郊外の風景が、団地や分譲住宅地の開発によって変容していく過程を収録している。この『ランドスケープ』は私の知るかぎり、日本で唯一の郊外写真集であると思われる。

郊外の写真家である小林のりおのこの『ランドスケープ』は、郊外が生成していく過程を風景そのものの変容によって伝えることで、郊外がどのようにして誕生するのかをみごとに映しだしている。小林のりおのカメラは、郊外の誕生する前史とでもいうべき風景に引き寄せられていく。ブルドーザーによって土がむきだしになった丘陵地帯、森や林が伐採されて整地された土地、轍の跡の続く絶えず進行中の開発現場、クレーン車やブルドーザーの姿、打ちつけられたばかりの白いコンクリート、それらの風景は土地の死とその解剖にカメラが立ち会っているかのようだ。

さらにこの『ランドスケープ』において印象的なのは、郊外の開発現場とマイホームの風景の無国籍性である。森や林や雑草の緑の色彩が開発の進行によって減少していき、むきだしの褐色の土のかもしだす色彩のトーンは、そこが荒野や砂漠のような空間であるように感じさせる。開発によって土地の歴史性が消滅し、過去の風景が突然切断されたのである。

それらの風景のなかに、小林のりおは二枚の古い廃屋となった建物の写真を唐突に挿入している。クローズアップで写されたこのふたつの建物こそ郊外の前史を物語るものであり、この写真集のなかで異質なリアリティをもって迫ってくる。二軒の家はいずれも茅葺きの家であり、周囲には樹木と竹藪と草花が繁茂している。一軒は納屋のようであり、崩壊寸前で、屋根にシートが張られている。

もう一軒のほうはつい最近まで人が住んでいたかのような気配がある。縁側、板戸、障子、おそらくは古い農家であろう。古い農家を写したこの一枚こそは、『ランドスケープ』のなかでほんとうに美しい写真であるといえるだろう。茅葺きの屋根とその周囲の樹木や竹藪の色彩との絶妙な調和、ひっそりとしたたたずまい、この古い農家が美しく感じられるのはなぜだろう。それはこの古い農家の姿に何百年もかけて形成された住むことの思想と歴史が刻印されているからだと思われる。

団地という郊外を出現させた日本住宅公団の設立と同年に発表された三島由紀夫の『沈める瀧』に次のような一節がある。

彼にはこの町が、今日はお祭ではないかと思はれた。何の理由もなくて、それほど物象が鮮明に、行き交ふ人たちの顔がいきいきと見える筈はなかつたからである。

彼はレコード屋の前へ行って、今月の新譜の廣告をつぶさに見た。荒物屋の前では、ひしめき並んだアルマイトの鍋の温和な輝きに感動した。

町といふものは、ただの人間の聚落ではなかつた。それは人間の作つた最も親しみやすい一つの思想だつた。


主人公のダム設計技士がダムの工事現場の山奥からひさしぶりに町へ下りてきた場面である。鉄とコンクリートのダムはこれから始まろうとする高度成長期の象徴のようでもあり、それは同じく建設され始める団地とも酷似している。人工的なダム建設の現場から離脱したとき出現する風景。そこに生活することの思想が発見されるのである。「町といふものは、ただの人間の聚落ではなかつた」。それは町ばかりではない。茅葺きの古い農家に象徴される村もまた「一つの思想だつた」。それだからこそこの茅葺きの古い農家が「温和な輝き」をもっているのである。

郊外の写真家である小林のりおもそのことに気づき、郊外の前史である村の記憶を喚起しようとして、この古い農家の写真を挿入したのであろう。郊外の風景が出現するまえの農耕社会の遺影をとどめるようにして。

しかし開発の過程でこれらの村の残映は消滅し、郊外へと変容していく。村の消滅、開発と造成の風景ののちに出現するのは、団地、マンション、建築中の、あるいは完成後のマイホームとそれらが立ち並ぶ風景である。学校がある。公園がある。テニスコートがある。それらは郊外の膨張と増殖の軌跡を露わにする。

団地、マンション、マイホーム、それらはことごとく新しい。だが、人工的で無機質な風景だ。あの古い茅葺きの農家のひっそりとした美しいたたずまいとは隔絶している。分譲地の「西洋風」のマイホームが住宅産業のカタログ写真のようにつぎつぎと写されていく。古い茅葺きの農家こそはまぎれもなく、農耕社会だったかつての日本の風景そのものだった。それならば「西洋風」のマイホームとはなんだろうか。それは、高度資本主義消費社会と化した日本の現在そのものの投影である。それが郊外の風景のなかに表出しているのである。

小林のりおは「西洋風」のマイホームに象徴される郊外での生活について次のように述べている。

> 西洋風の家で、清く正しく美しく生活していくことに異論はないが、現実はと言えば、緑の砂漠化の後に作られた申し訳程度の人工自然と流れてくる光化学スモッグの下での窮屈な生活があるばかりなのだ。
>
> （小林のりお『ランドスケープ』）

そして「周囲を企業のカタログイメージによって囲まれてしまった写真家」は、「遥か海の向こうの楽園や片隅の自然を、美しいイメージで詩うことではなく、こうしてある今をカタログ写真よろしく克明に写しとる事から始められるべきだろう」と語っている。

したがって郊外の写真家にとっては、「カタログ写真」のような郊外の風景がそのまま作品となる。それはちょうど「最初のベッドタウン二世」である郊外の小説家島田雅彦の作品が、パロディ、パスティーシュ、シミュラクルによって成立しているのと共通している。これは郊外をテーマとする写真や文学だけの現象ではない。郊外ではすべてが「カタログ写真」のようなものとして出現する。団地やマンションやマイホーム、自動車社会のなかのロードサイドビジネス、郊外は「カタログ写真」の帝国なのだ。かくして郊外のアイデンティティとは「カタログ写真」のなかにしか存在しない。郊外生活者とは「カタログ写真」のなかで生きることを宿命づけられた存在であり、それは一九八〇年代以後の日本社会の位相とまったく重なりあうものとなる。そして郊外とは高度成長期以前には存在していなかった生活空間であり、高度成長そのものがつくりあげてきた社会なのである。

町や村は生活すること、住むことにおいてほんとうに「人間の作つた最も親しみやすい一つの思想だつた」。しかし郊外とはなんだろうか。地方から追われ、都市に向かい、都市に住むことを拒絶された生活者たちの約束の地と化した郊外は、「ただの人間の聚落」に近い、いわば群衆の共同体のようにも思える。そしてこの群衆の共同体は同時に、ノマド的な消費者というプロレタリアートの共同体でもある。それに町や村が何百年単位の時間をかけて労働と生活の集積のうえに成立したのに比べて、郊外の出現はあまりに急激だった。郊外とはまぎれもなく「人間の作った最も親しみやすい一つの思想」ではない。郊外の誕生とは、その担い手が日本住宅公団、地方自治体、デベロッパー、住宅産業であることからわかるように、国家や資本の思想と論理によって計画されたものであるからだ。まず一九六〇年代には、団地を始まりとしてマイホームが出現する。七〇年代以後にはロードサイドビジネスがそのまわりを包囲していく。それは郊外の団地やマイホームと同様、大量生産、大量消費のシステムによって支えられた資本の論理であり、その店舗形式は背後に生活空間を抱えることのない、商品の場でしかない。住むことの思想が最初から捨象されているのである。

この住むことの思想を構築することのできない群衆の共同体、あるいはノマド的な消費者というプロレタリアートの共同体である郊外が、都市や地方、町や村に代わって日本の社会の中心的な存在になり始めていることに気づいたのは、奇妙な組み合わせかもしれないが、文学とロードサイドビジネスではなかっただろうか。文学は郊外に群衆の共同体の誕生を見、ロードサイドビジネスはノマド的な消費者を発見したのである。それが一九七〇年代以後の郊外文学の発生の意味であり、ロードサイドビジネスの旺盛な増殖であったと考えられる。

文学とロードサイドビジネスに続いて、映画やテレビや音楽やコミックといったサブカルチャーもまた物語の発生する地点を郊外へとずらしていく。これらについて言及することは差し控えるが、赤川次郎、森田芳光、山田太一、鎌田敏夫、荒井由実、大友克洋らの名前をあげれば充分であろう。そして郊外の写真家小林のりおも登場する。

このように生活ばかりではなく、郊外はあらゆるものを吸収して膨張し、そのことによって逆にあらゆる領域が郊外化されていく、それが一九八〇年代だったのである。八〇年代半ばに都市論ブームや下町ブームが起きたのは偶然ではない。住むことの思想を喪失して膨張した郊外に対して、都市や下町のなかに「人間の作った最も親しみやすい一つの思想」を発見しようとした試みではなかっただろうか。いわば郊外化に対する抵抗だったのである。

そして同時期に起きたバブル経済もまた経済の郊外化とはいえないだろうか。立松和平の『遠雷』のなかで、バブル経済は郊外と化した村ですでに起こっていたではないか、それが都市や下町を包囲していく。それもまた一九八〇年代の経済の風景であった。

したがって、郊外とは現在の高度資本主義消費社会の鏡像となる。それゆえに今後の郊外の行方を問うことは、高度資本主義消費社会がどのように変容していくのかを問うということでもある。郊外の行方はどうなるのか。永遠に続くかに思われた村が消滅し、町が解体されたように、あるいはまた郊外文学の多くがその消滅を願っていたように、消滅や解体の過程をたどるであろうか。高度成長期とともに不気味なまでに膨張し続けてきた戦後社会の新しい生活空間である郊外は、どのように幻視されるべきであろうか。

それはまず郊外の起源にまで降りていき、都市や地方、町や村とは異なる様式によって郊外を誕生させた郊外の諸要因を分析し、予測することによって、かろうじてその輪郭が浮かびあがるであろう。力不足ながらその郊外の行方を検討してみる。

まず第一に、郊外を誕生させるきっかけであったのは、高度成長期の始まりによる産業構造の急激な変化であった。そしてそれにともなう急速な都市化と都市への人口移動であった。この都市への急速な人口移動の過程は、同時に戦後社会の人口増加の歴史でもあった。ちなみにその数字をあげてみれば、一九四八年には八千万人、六九年には一億人、現在では一億二千万人を超えている。これは戦前の一八七五年（明治八年）の三千五百万人、一九一二年（大正元年）の五千万人、一九三六年（昭和十一年）の七千万人と比較すると、農耕社会から工業社会、消費社会への移行、すなわち産業構造の変化が人口の増加として現れていることが歴然とする。したがって戦後の日本社会の大きな特徴として、四千万人の人口増加をあげることができる。この数字がいかに大きいものであるのかは、東京圏（東京都、神奈川県、埼玉県、千葉県）の九五年の全人口が三千二百万人であることからもわかるし、一八七五年の明治時代の総人口三千五百万人を超えているのである。

これらの産業構造の変化、都市への人口移動、それにともなう人口増加が郊外の誕生と膨張を推進する基本的要因であった。これらの動向はどうなるのか。

産業構造はもはや急激な変化を示すことはないだろう。第一、二次産業は緩慢に縮小し、第三次産業もまた緩慢に成長するだろう。そして第四次産業的なものがどのようにして立ち上がり、成長していくかという情況にあると思われる。

都市への人口集中はどうか。それも一九九〇年代に入って減少し始めている。総務庁統計局の「国勢調査」によれば、九〇年代に入って東京圏や大阪圏（大阪府、京都府、兵庫県、奈良県）の人口増加は八〇年代に比べてゆるやかなものとなってきている。東京圏の場合、九〇年が三千百八十万人で九五年が三千二百五十八万人であるから七十八万人の増加で、八〇年代の三百十万人の増加と比べると半分以下の数字となっている。大阪圏にいたっては九〇年が千八百十万人、九五年が千八百二十五万人とわずか十四万人しか増加していない。それは、東京都人口や大阪府人口がほぼ横ばいであるから、郊外への人口移動が終了し始めていることを示している。さらに自然増をふくめて考えるならば、七〇年代以降急速に膨張してきた郊外人口はその移動を停止し、横ばいの状態に入ったとみていいだろう。

それはまた同じく総務庁統計局の「住民基本台帳人口移動報告年報」によれば、東京圏、大阪圏の転入者数、転出者数の推移にも現れている。東京圏の場合、一九七〇年の八十六万人をピークとして転入者数は減少し始め、九四年になって戦後初めて転出者数が転入者数を超えた。それは九五年も同様である。大阪圏では七五年以来転出超過が続いている。これは高度成長期に団地とともに郊外にやってきた工場の円高による海外移転や封鎖も影響していると考えられるが、いずれにしても人口の推移とパラレルにみた転入者数、転出者数の推移の数字もまた郊外の膨張が停止し始めたことを告げていると思われる。

都市への人口集中の要因のひとつでもあった戦後の人口増加。それでは今後の日本の人口の推移はどうであろうか。厚生省と国立社会保障人口問題研究所の「将来推計人口」によれば、日本の総人口は二〇〇七年の一億二千七百七十万人をピークとして人口は減少を続け、二〇五一年には一億人を割るとされている。このことは日本社会が二十世紀は人口増加の世紀であったのが、二十一世紀には人口減少の世紀になることを示している。それは同時に高齢化社会と少子化社会が想像以上に加速されて出現することを意味している。高齢化社会と少子化社会は核家族によって構成される郊外にそのまま反映される。

その傾向はすでに露出し始めている。東京の多摩ニュータウンの二十五年後をレポートした武田徹の「『ニュータウン』が崩壊する」(『Views』一九九六年十月号所収)は、かつての憧れの街だったニュータウンが、高齢化がすすんで小学校は廃校となり、団地は老朽住宅化し、シャッターを降ろしたままのさびれた商店街、空き室だらけのゴーストタウンとなっていることを伝えている。そして武田徹は、このニュータウンの入居者の大部分が、団塊の世代を中心としているため、団塊の世代と団塊ジュニアの街であり、団塊の世代が高齢者になると一気に「老いた街」になると指摘している。これは郊外に共通する現象でもある。さらにまた、郊外は自動車社会であるが、高齢化にともないながら自動車離れも起きてくるかもしれない。

このように、もうすでに人口減少にともなって進行するとみられる高齢化社会は、ニュータウンという郊外に表出し始めている。そしてニュータウンの老朽化した団地の位相こそは、一九七〇年代以後これもまた急速に拡大したマンションという集合住宅に住むという生活の行方と重なりあうものだ。それは、老朽化した分譲マンションに住むという生活はどうなっていくかという問いでもある。

郊外を誕生させ、膨張させた諸要因である産業構造の変化、都市への人口集中、戦後の人口増加は、これまで検討してきたようにもはやドラスチックな変化を求めることはできないし、都市への人口集中と人口増加も縮小の過程に入り始めている。

それと同時に郊外に暗い灯がともりだしている。バブル経済の崩壊により土地神話がゆらぎ出したことである。都市へと集中した人々がこれもまた土地神話と同様戦後特有の神話であるマイホームを求めて、地価のより安い郊外へとスプロールしていったことで郊外は成立した。そして、戦後絶えず右肩上がりで推移していた地価は、マイホームの取得が個人資産形成の証であることを意味していたが、その神話は崩壊し、一九九一年をピークに下落が続いている。このことはバブル経済時に取得された郊外のマイホームがそのままマイナス資産となったことを意味している。それはマイホームだけではない。同時期におびただしく建てられた郊外の賃貸マンション、分譲マンションも同様である。

建設省の「建築着工統計」によれば、地価が急上昇し、ピークに向かった一九八五年から九一年にかけての新設住宅着工戸数は九百三十八万戸に上っている。とくに八七年は戦後史上三位という百七十三万戸となり、八八、八九、九〇年は百六十万戸後半という高い水準である。八〇年代前半の平均は百十八万戸であるから、バブル経済時におけるマイホーム取得の突出ぶりが数字に刻印されている。この数字がどれほど郊外に反映されているかは不明であるが、小林のりおの『ランドスケープ』の郊外の風景は、八三年から八六年にかけてのものであるから、やはりこの数字は確実に郊外の膨張と関連していると考えられる。それゆえにバブル経済時に膨張した郊外のマイホームとは、ほとんどが長期の住宅ローンによって取得されたと推定されるため、バブル崩壊による地価の下落によって巨額の負債を抱えこんでいることになる。住宅ローン破綻予備軍百万人とささやかれているが、このように新設住宅着工戸数を検討してみるとそれも真実に近いかもしれない。

それでは、ふたたび地価がバブル経済崩壊以前のように上昇に転ずる可能性はあるだろうか。おそらくそれもないであろう。これまで検討してきたように、都市の郊外の膨張は縮小の過程に入ったと思われるし、郊外の二世は少子化によって親から相続することで土地取得が可能となった世代となる。つまりマイホームとしての土地取得をしなくてもすむのが郊外二世なのである。

さらに『土地を考える』（日本経済新聞社編）が示している数字によれば、一九九〇年時に東京圏における住宅開発可能用地面積は六万五千ヘクタールに及び、その五五％が市街化区域内農地であるから、それが固定資産税、相続税などの理由でしだいに放出されることになれば、土地の供給は飽和状態になると考えられるのである。

とすれば、郊外の歴史もまた地価が永遠に上昇していくという土地神話によって成立していたわけであるから、その神話が崩壊した現在、かつて予想もしなかった危機にみまわれていることになる。

一九八〇年代の郊外を膨張させたもうひとつの要因であったロードサイドビジネスはどうであろうか。七〇年代に始まり、八〇年代に急速に増殖し、日本の郊外の風景を画一化し、消費社会化させたロードサイドビジネスは、九〇年代に入って激しい出店競争のため、どの業界でも完全にオーバーストアの状態に入った。九〇年代の郊外はすでに過剰消費社会となったといえるだろう。現実に店舗数九十二で、売上三百五十三億円の上場企業オリンピックスポーツが九六年には倒産した。そして八〇年代には破竹の勢いだった、紳士服や酒のディスカウンターの凋落が伝えられている。

このようなロードサイドビジネスの専門店の凋落傾向は、出店競争によるオーバーストア状態にもその理由を求めることができるが、むしろロードサイドビジネスの誕生とともに膨張してきた郊外がその成長を停止したことにもある。さらに別の理由として、一九九〇年代に入っての日米構造協議（またしてもアメリカ！）をきっかけとした大規模小売店舗法の規制緩和がある。この規制緩和によって、それまでは出店自由な売場面積は五百平方メートル以下（政令指定都市千五百平方メートル以下）だったのが、九四年から売場面積千平方メートル未満の店舗は原則的に出店自由となった。

したがって、一九七〇年代から八〇年代に出店した店舗は五百平方メートル以下が規準であったが、九〇年代に入ると千平方メートル未満の店舗が主流となり、より大型化した。当然のことながら消費者は品揃えの豊富な大型店へと向かい、七〇年代から八〇年代にかけて出店した既存店は売上高が減少する結果となった。そして大型店舗化に立ち遅れたオリンピックスポーツのような企業は倒産に追いこまれた。このようにして七〇年代から八〇年代にかけて開発されたロードサイドビジネス商店街もまた、危機を露呈し始めたといっていいだろう。大店法の成立によってロードサイドビジネスは郊外に出店し、そのことによって町の商店街を解体したのだが、皮肉なことにその規制緩和によって逆に七〇年代から八〇年代店舗の寿命の限界を知らされることになった。ロードサイドビジネス商店街もまた、ゴーストタウンにならないという保証はどこにもない。

一九九〇年代に大型店舗化したロードサイドビジネスも新しい段階に入っている。それは、スーパーが郊外型ショッピングセンターへと変貌しようとしているということである。さらなる郊外や工場跡地を立地として、巨大駐車場を備え、単独ではなく、さまざまな業種を組み合わせた総合商業施設であり、モノを売るばかりでなく、アミューズメントやアメニティも取り込もうとしている。二千年までに開業を予定している店舗面積三万平方メートル以上の郊外型ショッピングセンターは約八十あり、それをふくめて三千店の郊外型ショッピングセンターが今世紀中に存在することになり、二十一世紀初頭には本格的な郊外型ショッピングセンター時代が到来するともいわれている。

だがすでにみたように、生活空間としての郊外の膨張が停止し始め、さらに縮小に向かう可能性を表出している一九九〇年代から二十一世紀にかけて、郊外型ショッピングセンターは生き残ることができるであろうか。日本の戦後社会の鏡像として、郊外と同様流通業界は成長し続けてきた。それはまずスーパーとして出現し、都市の内側で始まり、郊外社会の成立とともにロードサイドビジネスが発生した。スーパーからロードサイドビジネスへの系譜は、流通業界がなによりも戦後の大衆とともに歩み続けてきた歴史であったといえるだろう。戦後日本社会の生活の歴史がこれらの流通業界のなかにくっきりと織りこまれている。郊外型ショッピングセンターもまた、二十一世紀の日本の大衆とともに歩み続けていくのだろうか。そして郊外の過剰消費社会はどのような回路をたどるのだろうか。

そのことについて思いをめぐらせていると、一本の映画が脳裡に浮かんでくる。ジョージ・ロメロの監督・脚本による『ゾンビ』という映画だ。一九七七年の作品で日本公開は七九年である。このホラー映画の名作といわれる『ゾンビ』こそは、アメリカの郊外の消費社会を幻視した作品にほかならないと思われる。そしてホラーの起源が郊外にあることをまざまざと示している。

ゾンビとは宇宙からの怪光線によって蘇った死者たちであり、彼らは生者の血と肉を求めて彷徨《さまよ》う。そしてゾンビに襲われた人間は自らもゾンビと化してしまう。都市はゾンビによって壊滅させられ、わずかに生き残ったテレビ局員やコマンド隊員はヘリコプターで郊外に脱出する。そして郊外のショッピングセンターにたてこもり、ゾンビたちと戦う物語が、この『ゾンビ』という映画だ。だからこの映画の大部分はショッピングセンターが舞台となる。

巨大な無人の駐車場が映される。ヘリコプターでなにものかに引き寄せられるようにショッピングセンターの屋上に漂着した主人公たち。彼らはやはり無人のショッピングセンターの内部に入りこむ。切られていた照明が点けられる。すると出現するのはおびただしい商品の群れだ。人間のいない空間で記号のように浮遊している商品の風景。あらゆる物販、サービス業がそろっている。衣服、スポーツ用品、食料品、酒、雑貨、銃器、それから銀行、レストラン、ゲームセンター、美容院。

人間がすべて死に絶え、巨大な郊外のショッピングセンターという建物と商品だけがとり残されて出現する風景のようだ。消費者のいない消費社会。そして生き残った彼らこそが消費者のいない消費社会の主となる。交換価値としての商品は消費者か消滅した今、もはや使用価値でしかない。彼らは陳列された食料を自由に食べ、酒を飲み、銃器で武装し、レストランで食事し、美容院でセットする。いわば消費者のユートピアが実現するのである。彼らのひとりはいう。

「ここはすばらしい。なんでも揃っている。別天地だ」

しかし、ここにもゾンビは押し寄せてくる。ぎこちなく徘徊するゾンビたち。画一的な表情と動きをする無数のゾンビたちは、駐車場にまず集結して、ショッピングセンターの内部に入ってくる。商品を求めて彷徨う消費者のようにして。そしてショッピングセンターはおびただしい商品とゾンビたちの姿で埋まってしまう。蝟集《いしゅう》してくるゾンビと自らをさしてコマンド隊員がいう。

「理由もなくここに来てしまう」

画一的な表情と動きでぎこちなく徘徊する無数のゾンビたちとは、まぎれもなく郊外の消費社会における消費者のメタファーにほかならないだろう。倒されても倒されてもぞくぞくと出現してくるゾンビたちとは、消費者の欲望の自己運動の表現のように思える。そして蘇った死者であるゾンビたちの教会とは、商品の溢れた郊外のショッピングセンターであり、商品が神となるのである。

たんなるホラー映画にこれ以上野暮な解説はやめることにしよう。しかしこの映画には、確実にショッピングセンターに象徴される郊外の消費社会の悪夢のようなものが存在する。人間が消滅しても郊外のショッピングセンターだけが商品を溢れさせたままで、無人のままで存在している。消費者のいない商品だけが生々しくそこに置かれている。モノと人間の乖離が始まっている風景のようでもある。

郊外もショッピングセンターもアメリカからやってきた。そしてそれらの起源であるアメリカにおいて、すでに一九七〇年代後半、『ゾンビ』のような郊外の消費社会の悪夢が紡ぎ出された。

その悪夢が確実に日本にもやってくるだろう。

農耕社会の村の風景から始まって、私たちの戦後の日本社会はとうとうこんなところまできてしまったのだ。そして高度資本主義消費社会の紡ぎ出す豊かさの背後に潜む悪夢をもともに生きるべく、私たちは宿命づけられたのである。

# あとがき（青弓社版）

本書の構想は、一九九二年から九三年にかけて、私が企画した『ロードサイドショップ開発・賃貸借の実務』（平山光著、日本実業出版社、九五年刊）の編集過程で生まれた。この本は、ロードサイドビジネスの出店形態であるオーダーリース方式（借地借家方式）のメカニズムを初めて公開したものである。この編集の過程で、郊外がロードサイドビジネスのみならず、日本の戦後社会のキイワードとでもいうべきトポスであることにあらためて気づいた。そして本格的な郊外論を書く必要があると考えた。

一九九五年に、たまたま訪れた青弓社で、矢野恵二氏に郊外論の構想を話したところ、青弓社での申し出をいただいた。矢野氏のご期待に応えることができたか心許ないが、脱稿までこぎつけてほっとしている。

それにしても書き残したことがあまりに多い。当初の構想では、サブカルチャーや犯罪や性の郊外化、郊外の団塊ジュニアの問題まで射程に入れていたのだが、枚数の問題と力不足からほとんど言及することができなかった。残念であるがまたの機会を望みたい。

なお本書で出典を明示せず使用した数字に関しては、主として年度版の『日本国勢図会』を参照している。統計の推移のなかに社会を見ることを『日本国勢図会』から学んだ。一九二七年から刊行を続けている矢野恒太記念会に敬意を表したい。
編集にあたっては、青弓社の片岡力氏をはじめとする編集部の皆さんにお世話になっている。そしてなによりも、私にロードサイドビジネスと不動産プロジェクトについて数多くの示唆を与えてくれた優れた土地活用コンサルタントの平野喜章氏、平野氏との出会いがなかったら、本書は書かれていなかったと思う。記して感謝する。

一九九七年八月

著　者

## 復刊あとがき

『郊外の果てへの旅／混住社会論』の刊行に合わせ、思いがけずに論創社の森下紀夫氏より本書の復刊を提案された。とてもうれしいことで、これも論創社から出版された『民家を改修する』を加えると私の郊外をめぐる三部作となる。
論創社からの復刊を快く許可してくれた青弓社の矢野恵二氏にも深甚の謝意を表する次第である。

二〇一七年三月

小田光雄

**小田 光雄**（おだ・みつお）
1951年、静岡県生まれ。早稲田大学卒業。出版業に携わる。著書『図書館逍遥』（編書房）、『書店の近代』（平凡社）、『出版社と書店はいかにして消えていくか』などの出版状況論三部作、『古本探究Ⅰ～Ⅲ』『古雑誌探究』『出版状況クロニクルⅠ～Ⅳ』、インタビュー集「出版人に聞く」シリーズ、『郊外の果てへの旅／混住社会論』（いずれも論創社）、訳書『エマ・ゴールドマン自伝』（ぱる出版）、エミール・ゾラ「ルーゴン=マッカール叢書」シリーズ（論創社）などがある。個人ブログ【出版・読書メモランダム】http://d.hatena.ne.jp/OdaMitsuo/ に「出版状況クロニクル」を連載中。

〈郊外〉の誕生と死

2017年5月20日　初版第1刷印刷
2017年5月25日　初版第1刷発行

著　者　小田光雄
発行者　森下紀夫
発行所　論 創 社
東京都千代田区神田神保町 2-23　北井ビル
tel. 03（3264）5254　fax. 03（3264）5232　web. http://www.ronso.co.jp/
振替口座　00160-1-155266
装幀／宗利淳一
印刷・製本／中央精版印刷　組版／フレックスアート
ISBN978-4-8460-1610-4　